MARCO POLO

FUERTEVENTURA

Reisen mit Insider Tipps

Faszinierend sind die endlosen Strände im Süden, die milde Luft und besonders die Dünenlandschaft im Norden.

MARCO POLO Autor
Hans-Wilm Schütte
(siehe S. 131)

Spezielle News, Lesermeinungen und Angebote zu Fuerteventura:
www.marcopolo.de/fuerteventura

FUERTEVENTURA

> SYMBOLE

Insider Tipp **MARCO POLO INSIDER-TIPPS**
Von unserem Autor für Sie entdeckt

★ **MARCO POLO HIGHLIGHTS**
Alles, was Sie auf Fuerteventura kennen sollten

SCHÖNE AUSSICHT

WLAN-HOTSPOT

▶▶ **HIER TRIFFT SICH DIE SZENE**

> PREISKATEGORIEN

HOTELS

€€€ über 450 Euro
€€ 280–450 Euro
€ bis 280 Euro

Durchschnittspreise für eine Woche pro Person inkl. Halbpension im billigsten Zimmer (Belegung mit zwei Personen)

RESTAURANTS

€€€ über 12 Euro
€€ 8,50–12 Euro
€ über 8,50 Euro

Die Preise gelten für ein Hauptgericht ohne Getränke

> KARTEN

[116 A1] Seitenzahlen und Koordinaten für den Reiseatlas Fuerteventura

Eine Karte von Corralejo finden Sie auf Seite 35, eine Karte von Puerto del Rosario auf Seite 49

Zu Ihrer Orientierung sind auch die Objekte mit Koordinaten versehen, die nicht im Reiseatlas eingetragen sind

INHALT

> SZENE

S. 12–15: Trends, Entdeckungen, Hotspots! Was wann wo auf Fuerteventura los ist, verrät der MARCO POLO Szeneautor vor Ort

> 24 STUNDEN

S. 94/95: Action pur und einmalige Erlebnisse in 24 Stunden! MARCO POLO hat für Sie einen außergewöhnlichen Tag auf Fuerteventura zusammengestellt

> LOW BUDGET

Viel erleben für wenig Geld! Wo Sie zu kleinen Preisen etwas Besonderes genießen und tolle Schnäppchen machen können:

Preiswert satt werden mit Selbstbedienung S. 36 | Essen in Tarajalejo: authentisch, günstig, gut S. 56 | Beim Highlander ist der Mietwagen erschwinglich S. 72

> GUT ZU WISSEN

Was war wann? S. 10 | Kanarische Spezialitäten S. 26 | Unfreiwilliges Exil S. 40 | Ländlicher Tourismus S. 42 | Blogs & Podcasts S. 47 | Fehlinvestitionen S. 74 | Bücher & Filme S. 80 | Variable Ortsnamen S. 86

AUF DEM TITEL
Kamelsafaris und Jeeptouren S. 94, S. 87
Die Top-Spots der Surf-Elite S. 99

ENTDECKEN SIE FUERTEVENTURA!

Unsere Top 15 führen Sie an die traumhaftesten Orte und zu den spannendsten Sehenswürdigkeiten

Die Highlights sind in der Karte auf dem hinteren Umschlag eingetragen

1 Karneval
Turbulenter Festumzug und heißes nächtliches Tanzvergnügen in Puerto del Rosario; lustig wird's, wenn Männer als Damen gehen (Seite 22)

2 Bootsprozessionen
Geschmückte Fischerboote sind die Attraktionen der Fiestas von Corralejo und Morro Jable (Seite 23)

3 Fiesta Nuestra Señora del Rosario
Eine Art zweiter Karneval mitten im Oktober (Seite 23)

4 Feria Insular de Artesanía
Ende Mai wird in La Antigua Kunsthandwerk von allen kanarischen Inseln präsentiert (Seite 23)

5 Wanderdünen El Jable
Die gleißenden Sanddünen am Meer bei Corralejo sind das große Glanzlicht des Nordens (Seite 32)

6 Centro de Arte Canario
Kanarische Gegenwartskunst, präsentiert in ungewöhnlichem Ambiente in La Oliva (Seite 43)

7 Betancuria
Geschichtsträchtiger und hübsch restaurierter Ort in einem geschützten Tal in den Bergen, mit Kirche und Kloster (Seite 56)

8 Barranco de las Peñitas
Die Wanderung durch eine wildromantische Felsschlucht führt zu einer kleinen Kapelle (Seite 59)

> DIE BESTEN MARCO POLO HIGHLIGHTS

9 Pfarrkirche von Pájara
Das phantasievoll gestaltete Portal im mexikanischen Barock machte die Dorfkirche berühmt (Seite 64)

10 Oasis Park
Nicht nur für den Nachwuchs eine echte Attraktion: üppig-grüne und höchst tierische Abwechslung zum Strandurlaub – mit Papageien- und Reptilienshow, Seelöwentheater, Greifvogelvorführung und Kamelritt (Seite 66)

11 Playa Barca
Grenzenloses Urlaubsvergnügen am Strand in der Lagune und in den Dünen südlich von Costa Calma (Seite 77)

12 Jeepfahrt zum Westkap und nach Cofete
Ein Ausflug zur Westspitze und nach Cofete bringt Rallye-Spaß in einsamer Landschaft (Seite 87)

13 Tauchen
Auch Anfänger können bei einem Tauchkurs die faszinierende Unterwasserwelt erleben (Seite 98)

14 Geführte Inselwanderungen
Sachkundige Führer öffnen die Augen für die verborgenen Geheimnisse der Insel (Seite 99)

15 Windsurfen
Wer gern mit Windkraft über die Wellen reitet, findet hier Spots aller Schwierigkeitsgrade vor (Seite 99)

WAS
FÜR
EINE
INSEL!

Sonne, Sand und Meer haben die zweitgrößte Insel der Kanaren berühmt gemacht. Die endlosen Strände des Südens und die weißen Dünen des Nordens, vom milden Passat geformt, bringen vor allem Sonnenanbeter und Wasserratten ins Schwärmen. Aber viele lieben auch die weithin menschenleere Landschaft, die gerade durch ihre Kargheit fasziniert – mit sanft gerundeten Kuppen, Vulkankegeln und schwarzen Lavafeldern. Die kleinen, alten Inselorte bieten geruhsame Ausflugsziele. Fuerteventura ist nichts für Stadtbummler und Kultururlauber. Umso mehr bietet es Gästen jedes Alters Ruhe und sportliche Erholung.

> Eine Wüste ist dieser erhabene und geliebte, weltabgeschiedene Erdenfleck Fuerteventura – eine der Inseln, die man einst die Glückseligen nannte ... ein nacktes, skeletthaftes, karges Land aus nichts als Knochen, ein Land, das eine ermüdete Seele zu stählen vermag." Der dies schrieb, der Dichter Miguel de Unamuno, rühmte Fuerteventura 1924 nicht als erholungsbedürftiger Urlauber, sondern als politisch Verfolgter, verbannt in die ärmste Wildnis, die es in Spanien gab. „Oase in der Wüste der Zivilisation" nannte er sein Zwangsasyl an anderer Stelle trotzig, und all die Sonnenhungrigen und Surfbegeisterten, die heute freiwillig hergeflogen kommen, schätzen ebendies an Fuerteventura: die Urwüchsigkeit, die auf Sand, Stein und Strauchwerk reduzierte Landschaft inmitten des Ozeans, die herbe Symphonie aus fast weißem Strand, blauem Himmel, blaugrünem Meer, braungelber Steppe und grauschwarzem Geröll.

Nichts ist hier von der üppigen Vegetation La Palmas oder der landschaftlichen Vielfalt Teneriffas zu erahnen, nichts vom quirligen Stadtleben auf Gran Canaria. Bis heute ist Fuerteventura mit nur 50 Einwohnern pro Quadratkilometer die am dünnsten besiedelte aller Kanarischen Inseln, und der Hauptort Puerto del Rosario eine Kleinstadt von gerade einmal 25 000 Seelen.

Eines freilich ist anders geworden als zu Unamunos Zeiten: Die Zivilisation hat Einzug gehalten. Als künstliche Oasen liegen sie da, die Feriensiedlungen aus Bungalows oder die terrassenförmig an die Hänge geschmiegten Hotels, umgrünt mit üppigen Pflanzen,

> *Bergdörfer, Wanderdünen, Lavafelder*

Für Einsiedler: Ermita de la Peña im Barranco de las Peñitas

die ohne künstliche Bewässerung rasch verdorrt wären, ausgestattet mit Duschen und Diskotheken, Bars und Boutiquen. Nichts ist wie daheim, man braucht nur auf den Balkon zu treten. Nur Sand, Himmel und Meer sind zu sehen, und zu hören ist nichts als das Geräusch des ewigen Windes.

Gewiss sorgt die Hotelanimation heute für jede Menge Kurzweil, doch ist die Insel gerade auch deswegen beliebt, weil sie das ideale Kontrastprogramm gegen jede Reizüberflutung bietet. Hier gefährdet kein Besichtigungsstress die Erholung. Es gibt weder antike Gemäuer noch berühmte Museen. Dennoch sollten Sie auf einer Rundfahrt oder besser auf einer geführten Wanderung auch einmal die verborgenen Attraktionen der Insel aufspüren – ob Schluchten, Lavafelder oder Dorfkirchen –, die Ihnen den „Geist" der Insel nahe bringen. Oder eine Siesta in einem kleinen Fischerort oder einem Bergdorf halten. Denn in den älteren Ortschaften herrscht vor allem eines: Ruhe. Da sitzt man auf einer Bank vor der Dorfkirche unter schattigem Blätterdach, sieht einem Hibiskus beim Blühen zu, die Sonne malt helle Flecken aufs Pflaster, und die Zeit steht still. Man mag sich in die herrlichen Wanderdünen von Corralejo legen und sehen, wie der Wind die Sandkörner vor sich her bläst, oder zuschauen, wenn bei sinkender Sonne die Landschaft ihre Farben aufleuchten lässt: rostrote Hänge mit blassgrünen Streifen, graugrüne Flechten auf schwarzen Lavabrocken. Die Schatten wandern; fast nichts geschieht, und doch hat man etwas Großartiges erlebt.

Die Glücklichsten sind wohl die Wassersportler. Mit stabiler Wetterlage und Spots für alle Schwierigkeitsgrade locken die Strände ein buntes Surferpublikum an; wenn Wettkämpfe angesagt sind, reisen sie aus aller Welt an. Da kaum einmal Regen, Sturm oder eine Flaute in die Quere kommen, lernen auch Anfänger schnell. Und sollte einer doch am Brett verzweifeln, kann er Katamaran segeln oder beim Hochseeangeln sein Glück versuchen.

Dass die Qualitäten Fuerteventuras eher im Verborgenen liegen, weiß niemand besser als die Fischer und die Taucher. Die Speisekarten in den alten Fischerorten geben einen Eindruck von der mannigfaltigen Tierwelt rund um die Insel. Dass für die Männer, die mit ihren kleinen Booten täglich hinausfahren, der Broterwerb auch ein Kampf mit der Kreatur sein kann, erlebt keiner so unmittelbar wie ein Hochseeangler, bei dem ein Blauhai oder gar ein blauer Marlin angebissen hat. Am meisten aber haben diejenigen zu bestaunen, die in einem der vielen Tauchreviere entlang den Küsten die phantastische

> Sand – schwarz, gold und gelb

Unterwasserwelt persönlich in Augenschein nehmen. Jede Tauchschule hat ihre speziellen Plätze. Mal sind es bizarre, im Meer erkaltete Lavaströme, mal weißer Sand, mal langsam zerfallende Schiffswracks, an denen sich alles an Fischen und anderem Seegetier tummelt, was in Küstennähe nur vorkommt.

WAS WAR WANN?

Geschichtstabelle

Ab 3. Jahrtausend v. Chr. Besiedelung der Kanaren in mindestens zwei Wellen

1./2. Jh. n. Chr. Erste schriftliche Erwähnung der Kanaren bei Plinius d. Ä.

1403–05 Der Normanne Jean de Béthencourt erobert Fuerteventura für die spanische Krone und gründet Betancuria

Ab Ende 15. Jh. Die spanische Krone belehnt Adlige und Geistliche, die als *señores* über die Einheimischen herrschen; Einwanderung von normannischen und spanischen Siedlern; Assimilation der Ureinwohner *(majoreros)*

17./18. Jh. Wiederholt überfallen Freibeuter die Küstenorte

1730–36 Viele Bewohner von Lanzarote fliehen vor Vulkanausbrüchen auf die Nachbarinsel Fuerteventura

1740 Die Bürger von Tuineje schlagen englische Piraten in die Flucht (Schlacht von Tamacite)

1837 Die Lehnsherrschaft, das Señorio-System, wird abgeschafft

1852 Die Kanaren werden zur Freihandelszone erklärt; ökonomischer Aufschwung in Fuerteventura u. a. durch den Export von Farbstoff, Soda und Kalk

1912 Den Inseln wird eine Selbstverwaltung zugestanden

1927 Fuerteventura wird Teil der neuen Provinz Gran Canaria

1966/67 Der Fremdenverkehr setzt ein

1986 Spanien tritt der EG bei; die Kanarischen Inseln erhalten Sonderstatus

1993 Volle Integration der Kanaren in die EU

2002 Einführung des Euro

Die Landschaft variiert nur wenige Themen: zu Kuppen geschliffene Vulkankegel, Kerbtäler, ein paar Palmenoasen, eine Handvoll kleiner Bergorte, kaum so viele Fischerdörfer, ab und zu Windräder oder eine Windmühle. Variantenreich und schön aber sind die Küsten. Da gibt es die kilometerlangen, hellen, feinsandigen Strände der Halbinsel Jandía, den fast weißen Dünenstrand bei Corralejo, die dunkelkiesigen, fast schwarzen kleinen Buchten vor den Fischerorten im Süden Maxoratas, des Inselhauptkörpers, und im Westen wild umtoste Klippen mit engen Einschnitten hier und da und Sand schwarz, gold und gelb. Auch die Brandung ist sehr unterschiedlich: An einem Strand können selbst kleine Kinder gefahrlos baden, am zweiten muss mit den Wogen gekämpft werden, am dritten reißt das Meer jeden fort, der sich hineinwagt.

Bildungsreisende werden mit Fuerteventura vermutlich nicht sehr glücklich werden. Von Interesse allerdings ist die ländlich-bäuerliche Lebensweise der früheren – und teils noch der heutigen – Insulaner. Wie erfindungsreich sie z. B. bei der Wassergewinnung, -bewirtschaftung und -aufbereitung sein mussten, ist eine faszinierende Geschichte. Auch sonst war es nicht leicht, sich auf dieser zwar fruchtbaren, doch eher lebensfeindlichen Insel zu behaupten. Seit auf der Insel auch der ländliche Tourismus gefördert wird, ist eine Reihe von gut gemachten Heimatmuseen entstanden. In der Kirche von Betancuria blieben sogar Zeugnisse aus dem frühen 15. Jh. erhalten, als die von den geheimnisvollen Altkanariern bewohnte Insel für die kastilische Krone erobert wurde.

Eine Geschichtsschreibung, die diesen Namen verdient, gibt es erst seit etwa 1600, als man begann, die regelmäßigen Sitzungen der Inselregierung zu protokollieren. Daraus lässt sich entnehmen, dass Einwanderer aus Südspanien und Frankreich neue Ackerbaumethoden und die Viehzucht nach Fuerteventura mitbrachten. Esel und Kamele wurden als Lasttiere und als „Antrieb" für Brunnengöpel eingesetzt. Das Sagen hatten die *señores;* den einfachen Insulanern, den *majoreros,* erging es über Jahrhunderte mehr schlecht als recht. Nur 6000 bis 8000 Einwohner dürfte es damals gegeben haben. Blieb der Regen längere Zeit aus, oder fielen Heuschrecken aus der Sahara ein, waren Hungersnöte unvermeidlich. Hilfe von außen gab es nur für die *señores* und das Militär, dessen einstige Kommandozentrale, die Casa de los Coroneles in La Oliva, heute der bedeutendste historische Profanbau der Insel ist.

> ***Noch einmal die Brandung rauschen hören ...***

Wer alles gesehen und die Surf- und Tauchabenteuer überstanden hat, dem macht die Insel mit etwas Glück noch ein Überraschungsgeschenk: eine Fiesta. In dem Punkt ist die Insel echtes Spanien. Da spielen dann nachts die Bands auf dem Dorfplatz zum Tanz auf, an Buden werden Imbisse verkauft, Alt und Jung ist auf den Beinen, eine Prozession schreitet einher, geschmückte Fischerboote reihen sich zu einem farbenfrohen Umzug auf dem Wasser.

Innenhof mit Ziehbrunnen

Der letzte Abend rückt heran. Wie Abschied nehmen? Noch einmal eine Beach-Party feiern? Eine Paella mit frischen Meeresfrüchten im Hotelrestaurant genießen? Ein Umtrunk mit Sangria an der Poolbar veranstalten? Vielleicht fahren Sie aber doch lieber noch einmal in ein verschlafenes Fischerdorf, wo Sie am Strand auf der Terrasse eines kleinen *Bar-Restaurante* einen herrlich frischen Fisch verspeisen und einen herben Landwein trinken, wo Sie noch einmal die Brandung rauschen hören und Ihnen der Passat die Haare zaust …

WAS IST ANGESAGT?

Trends, Entdeckungen und Hotspots. Unser Szene-Scout zeigt Ihnen, was auf Fuerteventura los ist

Sonni Hönscheid
Sonni Hönscheid ist sechsfache deutsche Meisterin im Wellenreiten. Sie wurde bereits früh geprägt: Ihr Vater Jürgen Hönscheid ist Ex-Surfweltmeister. Geboren wurde sie auf Sylt, ihre Kindheit verbrachte sie auf Hawaii, später zog die Familie nach Fuerteventura. Bis mittags arbeitet Sonni im familiengeführten Surf-Equipment-Shop, die Nachmittage verbringt sie am liebsten auf dem Brett! *www.sonnihoenscheid.com*

HAWAII EUROPAS

Treffpunkt der internationalen Surfelite

Wind, Wind, Wind – wegen der perfekten Bedingungen ist Fuerteventura bekannt als „Hawaii Europas". Am Playa de Sotavento finden sich alljährlich im Juli und August die weltbesten Kiteboarder und Windsurfer ein, um in fünf Disziplinen – von Freestyle bis Slalom – den Weltmeistertitel zu erringen *(www.fuerteventura-worldcup.org)*. Besonders spektakulär ist das Speedsurfing, denn die Profis jagen mit Spitzengeschwindigkeiten von bis zu 60 km/h übers Wasser *(www.speedsurfing.org)*. Die wohl besten Wavespots liegen im Westen und Norden der Insel, wo hundertprozentige Wellengarantie herrscht. Wer es den Cracks nachmachen und Kontakt zur Szene bekommen möchte, ist in den verschiedenen Schulen gut aufgehoben, z. B. bei *Cowabunga (www.cowabunga.de)* oder im *Pro Center René Egli (Hotel Meliá Gorriones, Playa Barca, www.rene-egli.com)*.

SZENE

INSIDERWISSEN

Wellenreiter, Kiter oder Surfer? Das ist die Frage!

Nicht nur die Boards, auch Nachtleben der Insel wird von den Surfern gelenkt. Alles konzentriert sich nach Sonnenuntergang auf Corralejo, wo zahlreiche Bars und Clubs auf feierlustige Gäste warten. Was nur Insider wissen: In den angesagten Nachtlocations verteilen sich die Szenegänger nach ihren Surfgewohnheiten. Wellenreiter-Treffpunkt ist das *Kiss Kiss Bang Bang*, Kitesurfer gehen zum Feiern in die *Kiwi Bar*, und Windsurfer treffen sich am liebsten in *Corky's Bar*. Kein Wunder: Betreiber Corky ist selber ein absoluter Surfprofi *(alle im Centro Comercial Atlántico, Caleta de Fuste, km 11, www.corkysbar.com)*.

CUSTOM-MADE BOARDS

Surf Gear Shopping auf Fuerte

Die Szene trifft sich auf Fuerte nicht nur zu Wettkämpfen und Trainings, sondern auch, um sich mit dem nötigen Equipment einzudecken. Im coolsten Shop von Fuerte gibt's Surf-, Kite- und Windsurfboards von der Stange und custom-made! Surf-Crack Jürgen Hönscheid fertigt nämlich nach Maß: Shaping nennt sich die Präzisionsarbeit, zu der auch ein Airbrush-Finish gehört. Schlagzeilen machte die *Northshore*-Werkstatt mit dem Bau des leichtesten Surfboards der Welt *(Northshore Shop & Factory, Lajares, www.northshore-fuerte.com, Foto)*. Fuerteventura hat zudem eine exklusive Surfwear-Marke zu bieten: Bikinis, Shorts und Shirts von *Fuerte Action* sehen auch ohne Brett gut aus! Die lässige Sportswear ist nur auf der Insel zu bekommen *(z. B. im Fuerte Action Shop, Shopping Center El Palmeral, Costa Calma, Tel. 928 87 59 96)*.

HIT THE SKY

Drachen steigen auch an Land

Im November treffen sich Drachenliebhaber in den Dünen von Corralejo zum Internationalen Drachenfestival. Drachenlenker aus aller Welt finden sich jedes Jahr zusammen, um an dem außergewöhnlichen Spektakel teilzunehmen. Disziplinen wie Freestyle Knockout, Stunt Kites und Fighter Kites sind auch für Zuschauer faszinierend *(Infos beim Tourismusbüro, Tel. 928 86 62 35, www.corralejograndesplayas.com)*. Tipp: Selber einen Lenkdrachen mitbringen und an windigen Tagen in den Dünen steigen lassen.

TIERISCH GESUND

Kamelmilch für Europa

Im *Lajita Oasis Park* leben 250 Kamele, deren Milch bald als Beauty- und Wellness-Drink ganz Europa erfreuen soll. Klingt ungewöhnlich, aber Kamelmilch ist erwiesenermaßen sehr gesund und wirksam durch hohe Anteile an Vitaminen und Eisen. Eine Milch- und Verpackungsstation soll den Schönheitstrunk für den Vertrieb in ganz Europa aufbereiten. Bis dahin gibt es das weiße Gold nur auf Fuerteventura *(Ctra. General de Jandia, La Lajita, www.lajitaoasispark.com)*.

NEUE FESTIVALS

Wo die Locals sich treffen

Den Canarios vergeht selten die Lust am Feiern! Besondere Anlässe werden ausgiebig zelebriert, und ganz oben auf der Hitliste stehen drei neue Festivals, die besonders von den Locals sehnsüchtig erwartet werden. Der Musikmarathon beginnt mit dem *Festival Internacional de Blues Corralejo* (www.vallebrown.com/blues), geht weiter mit spanischem Rock auf dem *Lebrancho Rock* (www.lebranchorock.com) und endet mit dem *Festival Fuertemúsica* in El Cotillo, auf dem internationale Bands aller Musikrichtungen gastieren.

KUBA ODER FUERTE?

Reggaeton und Salsa

Kuba oder Fuerte? Das weiß man vor allem nachts nicht mehr so genau, denn Salsa und der jüngere und verrücktere Tanzstil Reggaeton beherrschen die Nächte. Am besten vorher noch ein bisschen üben und dann in den Clubs der Insel tanzen bis zum Umfallen, zum Beispiel im *Noche Tropical (im Cosmo Shopping Center, Jandia)* oder im *Mama Rumba (San Roque 17, Puerto del Rosario)*. Anschließend geht's stilecht zum Chillout an den Strand.

> BARRANCOS UND MAJOREROS

Allerlei Wissenswertes über Land und Leute, Flora und Fauna

BARRANCOS

Wenn im Winter die wenigen Regengüsse auf die Insel niedergehen, gräbt sich die zu Tal rauschende Flut tiefe Rinnen in die Hänge: die Barrancos. Sie können sich zu Tälern ausweiten oder Schluchten bilden. Sehenswert sind die schluchtartigen Barrancos de Esquinzo, de los Molinos und de las Peñitas an der West- und der Barranco de la Torre an der Ostküste.

Bild: Berglandschaft im Landesinneren

FAUNA

Nur wenige Vierfüßer sind auf der Insel beheimatet oder werden als Nutzvieh gehalten. Am auffälligsten sind die streunenden Katzen und die kleinen Ziegenherden, die ungehütet übers Land ziehen. Dromedare, einst wichtig als Reit- und Zugtiere, fungieren heute nur noch als Touristenattraktion. Unter den Wildtieren sind besonders Eidechsen zu nennen, die

STICH WORTE

mit ihren Haftzehen bei der Insektenjagd auch auf senkrechten Wänden herumhuschen. Auch Wildkaninchen und Igel sind häufig. Zutraulich zeigen sich zuweilen die Erdhörnchen. Es gibt sie auf der Insel erst seit 1972, als ein Minenarbeiter ein Pärchen aus der Sahara mitbrachte, das ihm entkam.

Vielfältig ist die Vogelwelt. Raben und die weißen Schmutzgeier leben von Aas, ebenso viele Möwen. Bussarde gehen auf Jagd nach Kleingetier. An ruhigen Stränden fallen die drolligen Sanderlinge auf, die eilig trippelnd im Ufersaum nach Nahrung stochern. In den Tälern des Westens ist der Wiedehopf zu Hause und in den Dünen im Inselnorden die seltene Kragentrappe. Ist ein Jahr mal etwas regenreicher, vermehren sich die Rebhühner stark. Die unscheinbare Wildform des Kanarienvogels trifft man an natürlichen Gewässern.

Das Meer um die Kanarischen Inseln ist sehr fischreich. Vor der Küste leben u.a. verschiedene Barscharten, Makrelen, Schollen, Muränen, Nagelrochen, Grund- und Blauhaie, Seezungen, Schlangensterne, Schwert-, Tinten- und Thunfische. Sehr unangenehme Bekanntschaft kann man mit den Blasenquallen machen, die im Frühjahr besonders im Westen und Süden in Strandnähe kommen. Der Kontakt mit ihren langen Nesselfäden führt zu Hautverbrennungen und Lähmungserscheinungen.

FLORA

Typisch für den Halbwüstencharakter der Insel ist die Kleinstrauchvegetation aus gelb blühendem Dornlattich und anderem Buschwerk. An die Trockenheit angepasst sind auch die rosettenartig wachsenden Fettpflanzen, die Euphorbiensträucher, die wie Kakteen aussehenden Säuleneuphorbien sowie die aus Mittelamerika stammenden Agaven, die zur Sisalgewinnung dienten. Aus Amerika eingeführt wurde auch der Feigenkaktus (Opuntie). Dieser ist Wirtspflanze der Cochenille-Schildlaus, aus der roter Farbstoff gewonnen wird. Seit der Entwicklung von Chemiefarben hat die Cochenillezucht jedoch fast aufgehört. In den Oasen wächst als einziger einheimischer Schattenspender die Kanarische Palme. Die in den Ferienanlagen gepflanzten Palmen kommen vom Festland. In ganzjährig Wasser führenden Barrancos wachsen Tamariskenhaine. Mimosensträucher verkünden mit ihren gelben Blüten im Februar das Nahen des Frühlings.

GEOGRAFIE UND GEOLOGIE

Mit einer Fläche von 1730 km² – etwa das Doppelte von Berlin – ist Fuerteventura die zweitgrößte der Kanarischen Inseln. Sie liegt Afrika näher als alle anderen Inseln des Archipels (kürzeste Entfernung rund 95 km). Auf der gleichen geografischen Breite befinden sich auch Delhi und Mittel-Florida. Fuerteventura ist gut 98 km lang (Luftlinie zwischen dem Nordkap Punta de la Tiñota und dem Südwestkap Punta de Jandía). Geografisch gliedert sie sich in den Inselkörper Maxorata (nach ihm nennt man die alteingesessenen Insulaner *majoreros*) sowie in die Halbinsel Jandía im Süden.

Fuerteventura ist die älteste der Kanarischen Inseln und in ihrem Grundstock durch Hebung des Meeresbodens entstanden. Der größte Teil bildete sich vor 12–22 Mio. Jahren. Daher ist sie auch stärker als die jüngeren Inseln durch Erosion abgeflacht. Der Vulkanismus kam später. Er erlosch vor etwa 4000 Jahren.

Während die dunklen Sand- und Kiesstrände aus zermahlenem Lavagestein bestehen, sind die weißen bis goldgelben Sandstrände und Dünen aus Kalkablagerungen von Meerestieren in Inselnähe entstanden. Es handelt sich nicht um herangewehten Saharasand, wie oft behauptet wird.

KLIMA

Dass die Insel das ganze Jahr über ein nahezu gleichbleibend angenehmes Klima bietet, liegt am Meer und am

Passat. Das Meer nivelliert die Temperaturunterschiede, das System der Passatwinde hält meist sowohl Regen bringende als auch trocken-heiße Luftmassen fern. So ist hier in der Regel ein ganz anderes Wetter als in der nahen Sahara. Nur die Trockenheit ist die Gleiche, im Unterschied zu den westlichen Schwesterinseln Gran Canaria oder Teneriffa, wo sich die Feuchtigkeit des Passats an hohen Bergen niederschlägt.

Auch auf Fuerteventura kann das Wetter launisch werden. Winterliche Regenfälle entstehen, wenn sich das Passatsystem mit der Sonne so weit nach Süden verschiebt, dass sich von Norden und Westen her Tiefdruckgebiete auswirken. Dann kann es unangenehm kühle Tage geben. Ein anderes Mal, wenn heiße, staubige Saharawinde (Schirokko) über die Insel hereinbrechen, steigt die Temperatur sprunghaft um 10 Grad oder mehr. Der Passat weht im Sommer am stärksten und kann durch den aufgewirbelten Sand besonders für Kleinkinder das Strandvergnügen beeinträchtigen. Im Winter dagegen ist zuweilen mit Flaute zu rechnen.

MÜHLEN UND WASSERRÄDER

Alle gemauerten Mühlen sind Getreidemühlen. Die Flügel, vier oder sechs, wurden mit Segeltuch bespannt. Obwohl der Wind meist aus nur einer Richtung weht, besitzen die Mühlen eine drehbare Kappe mit einem rückwärtig hervorstehenden Balken, mit dem die Flügel ausgerichtet werden können. Gemahlen wurde auch von

Die Wüste lebt: Blume im Sand

Hand oder mit Göpeln, vor die Esel oder Dromedare gespannt wurden. Seit dem 19. Jh. dienen aus den USA importierte Windräder dazu, Brunnenwasser zu fördern.

NATUR- UND UMWELTSCHUTZ

Das Ökosystem einer so von Trockenheit geprägten Region reagiert auf menschliche Einflüsse überaus sensibel und nachhaltig. Zum einen wachsen die Pflanzen wegen der Dürre sehr langsam, zum zweiten macht es der harte Boden Pflanzen schwer, sich anzusiedeln.

Schon seit Jahrhunderten übersteigt der Grundwasserverbrauch den Nachschub durch Niederschläge. Der dadurch stetig sinkende Grundwasserspiegel verstärkt naturgemäß die Wüstenbildung. Eine dramatische Verschärfung der ökologischen Belastung brachten der Tomatenanbau mit seinem hohen Wasserbedarf und der Fremdenverkehr. Die größten Schäden am Pflanzenbewuchs verursachen jedoch die Ziegen, von denen es viel mehr gibt, als ökologisch verträglich wäre.

Der erste Naturpark der Insel wurde 1982 eingerichtet. Er umfasst die Wanderdünen bei Corralejo sowie die Insel Lobos. Inzwischen wurde ein großes Gebiet um Betancuria unter Schutz gestellt und fast die gesamte Halbinsel Jandía als Naturpark ausgewiesen. Hier sind nun auch größere Teile eingezäunt, um Ziegen und Geländefahrzeuge fernzuhalten. Insgesamt allerdings sind die Schutzmaßnahmen nur halbherzig; vieles steht nur auf dem Papier. Vor allem gegen querfeldein fahrende Geländewagen wird heute in den Naturschutzgebieten jedoch streng durchgegriffen.

RINGKAMPF „LUCHA CANARIA“

Beim kanarischen Ringkampf, der schon zu vorspanischer Zeit gepflegt wurde, treten die Kontrahenten *(luchadores)* aus zwei zwölfköpfigen Mannschaften einzeln gegeneinander an. Gekämpft wird über maximal drei je dreiminütige Runden; Verlierer ist, wer zweimal mit einem anderen Körperteil als den Füßen den Boden berührt hat. Der runde Kampfplatz von rund 10 m Durchmesser ist mit Sand oder Sägemehl bedeckt. Viele Orte verfügen über eigene Ringkampfarenen. Turniere gehören zu allen festlichen Anlässen. Die wahren Meister, die alle 43 möglichen Griffe beherrschen, sind Berühmtheiten wie andernorts die Fußballstars.

WASSER

Der Wassermangel ist groß. Es regnet zu wenig, und von dem, was kommt, rauschen acht Zehntel ungenutzt ins Meer. Schon vor Einführung der Windräder, als der Grundwasserspiegel noch nicht so weit abgesunken war, nötigte der Mangel zu Klugheit im Umgang mit dem kostbaren Nass. Daher terrassierte man die Felder und legte Auffang- und Absetzbecken an den Hängen sowie häusliche Zisternen an. Für die Nutzung als Trinkwasser musste das Zisternenwasser aufbereitet werden; Sickerbecken aus Kalksandstein sind in einigen Museen zu sehen. Grundwasser förderte (und fördert) man aus gemauerten Brunnen *(pozos)*, entweder mit Windkraft oder durch Tiere am Göpel. Auch dieses Wasser wird in gedeckten Bassins gespeichert. Es ist meist nur als Brauchwasser (zur Bewässerung von Feldern) oder für die Tiertränke verwendbar. Der heutige Wasserbedarf kann nur mit Meerwasserentsalzungsanlagen gedeckt werden. Nicht alle Häuser sind ans Leitungsnetz angeschlossen. Viele erhalten ihr Wasser noch von Tankwagen angeliefert.

WIRTSCHAFT

Einst galt Fuerteventura als Kornkammer der Kanaren. Heute liegen die meisten Felder brach. Auch die Ziegenhaltung ist nur noch wenig rentabel. Gefischt wird nur mit kleinen Booten für den Konsum auf der Insel selbst. Einzig die Tomatenpflanzungen und der Aloe-vera-Anbau im Süden besitzen noch wirtschaftliche Bedeutung. Der Tourismus auf Fuerteventura entwickelte sich relativ spät. Noch 1968 waren nur 1400 ausländische Gäste gekommen, heute sind es über 1,7 Mio. im Jahr. Fast die gesamte Inselwirtschaft ist davon abhängig.

Typisch kanarisches Gehöft: weiße Kubusbauten mit Windrad

DEN SCHUTZHEILIGEN ZU EHREN

Auf den Fiestas geht's oft erst um Mitternacht richtig los

FEIERTAGE

1. Jan. *Neujahr;* **6. Jan.** *Dreikönigstag* (Familienfest, an dem man einander beschenkt); *Gründonnerstag;Karfreitag;* **1. Mai** *Tag der Arbeit;* **30. Mai** *Tag der Kanaren; Fronleichnam (Corpus Christi);* **25. Juli** *Sankt-Jakobs-Tag;* **15. Aug.** *Mariä Himmelfahrt;* **12. Okt.** *Nationalfeiertag (Entdeckung Amerikas);* **1. Nov.** *Allerheiligen;* **6. Dez.** *Verfassungstag;* **8. Dez.** *Mariä Empfängnis;* **25. Dez.** *Weihnachten,* um Mitternacht Christmette mit Krippenspielen. Adventssingen in der Kirche von *La Antigua (Sa oder So des 4. Advent, ca. 17 Uhr).*

FIESTAS

Jeder Ort gerät anlässlich des Festes zu Ehren des lokalen Schutzheiligen für eine Woche aus dem Häuschen. Gefeiert wird mit Umzügen, Kinderfesten, Sportveranstaltungen, Gottesdiensten, Musik und Tanz. Höhepunkte sind die nächtlichen Bälle *(verbenas).* Die angegebenen Daten sind die *días principales,* an denen auch die Geschäfte geschlossen sind. Die größten Bälle finden oft ein Wochenende vor- und nachher statt.

21. Jan. *Valle de Santa Inés*
2. Feb. *Gran Tarajal*

Februar/März ★ *Karneval:* Am meisten ist in *Puerto del Rosario* los: Den Auftakt macht ein Maskenball. Weitere Bälle folgen, darunter die *Verbena de la Sabana,* bei der Perücken und Schaumgummi Männer zu weiblichen Schönheiten machen. Ein weiterer Höhepunkt ist der abendliche Umzug (Sa oder So).

März/April: *Semana Santa/Ostern:* Vielerorts Prozessionen mit Marien- und Christusbildnissen.

Mai: *Tefía (4.); Tarajalejo (8.); La Lajita (13.)*

Mai/Juni: *Fronleichnam.* In *Puerto del Rosario* Prozession über kanarische „Blumenteppiche" aus bunten Steinen und anderem Material.

> EVENTS FESTE & MEHR

Juni: *Lajares (13.); Ajuy (24.); Vallebrón (24.); Las Playitas (29.)*

Juli: *Pájara (2.); Casillas del Angel (26.)*

14. Juli *Betancuria:* Beim *Día de San Buenaventura* spielen Trommler und Pfeifer zum Jahrestag der Eroberung der Insel durch die kastilische Krone.

16. Juli *Corralejo* und *Morro Jable: Fiesta Nuestra Señora del Carmen.* Die hl. Carmen ist Schutzpatronin der Fischer und Seeleute. In Corralejo formiert sich nach dem Gottesdienst eine Prozession, es folgt eine ★ Bootsprozession; ähnlicher Ablauf in *Morro Jable.*

August: *Tetir (4.); Tiscamanita (3. So); Tindaya (15.); El Cotillo (ca. 22.); Tefía (28.)*

September: *La Antigua (8.); Vega de Río de las Palmas (3. Sa):* Freitagnacht ziehen Pilgergruppen über die Berge nach Vega Río Palma, wo die Virgen de la Peña, die Schutzheilige der Insel, als Alabasterfigur steht.

7. Okt. *La Oliva; Puerto del Rosario:* Die ★ *Fiesta Nuestra Señora del Rosario* ist die größte der Insel; sehenswerte Prozession mit Trachten und Musik.

13. Okt. *Tuineje:* Fest des hl. Michael, Historienschauspiel zur Schlacht von Tamacite gegen englische Piraten. Insider Tipp

19. Okt. *La Ampuyenta*
30. Nov. *Tetir*
8. Dez. *Betancuria*

VERANSTALTUNGEN

Ende April wird auf dem staatlichen Versuchsgut *(Granja Experimental)* eine Art „Grüne Woche" *(FEAGA)* organisiert.
Im Mai findet in *La Antigua* an der Ringkampfarena die ★ *Feria Insular de Artesanía* statt. Ein Wochenende lang präsentieren Kunsthandwerker von allen Kanarischen Inseln ihr Schaffen. Im Rahmenprogramm kanarische Folklore.

> FRISCHER FISCH UND PAPAS ARRUGADAS

Außer den Schätzen des Meeres hält die schlichte Inselküche noch ein paar Überraschungen bereit

> Schon zu Zeiten, als die Insel noch als Kornkammer der Kanaren galt, lebten die Menschen hier nicht eben im Schlaraffenland. Heute, da das meiste Ackerland brachliegt, kommt von der Insel an Feldfrüchten nicht viel mehr als Kartoffeln und Tomaten in den Handel. Dank des EU-Agrarmarkts ist das Speisenangebot aber heute größer denn je – und ziemlich international. Wer Spanisches liebt, erhält Paella oder die beliebten Tapas, Appetithappen wie Bohnensalat, Sardinen oder marinierte Muscheln, die an der Theke von Kneipenlokalen in Schalen bereitstehen. In allen Ferienzentren findet man ein Pizza- und Pastaangebot, auch Wiener Schnitzel, Bratwurst oder – für die Briten – *fish and chips* sind zu haben. Zudem gibt es in allen Touristenorten mittlerweile chinesische und vereinzelt griechische, mexikanische und indische Restaurants.

Das Beste aber, was Sie tun können, ist kanarisch zu speisen. Kartoffeln und Tomaten sind schließlich nicht

> www.marcopolo.de/fuerteventura

ESSEN & TRINKEN

das Einzige, was die Insel bietet. Vor allem wird der Speisezettel mit frisch gefangenem Fisch bereichert. Wer sich an die einheimische Küche hält, bekommt frische Zutaten, und das Preis-Leistungs-Verhältnis stimmt. Die kanarische Küche, so schlicht sie ist, bietet doch einige herzhafte Gaumenfreuden, ohne dabei allzu fremdartig zu sein. Voraussetzung: Sie mögen Knoblauch. Der wird nämlich gern und reichlich verwendet.

Typisch und köstlich ist die Kombination aus frischem Fisch, Runzelkartoffeln und *mojo*-Soße; meist kommt noch ein kleiner Salat aus Tomaten und Zwiebeln dazu. Spitzenreiter im Frischfischangebot ist die *vieja,* die zur Spezies der Papageienfische gerechnet wird. *Vieja* ist jedoch oft nur in den besseren Fischlokalen der Hafenorte zu haben. Noch feiner (und seltener) ist frischer Zackenbarsch *(mero).* Viel häufiger kommt man an frischen Thunfisch *(atún)* oder Tintenfisch *(calamares)*. Wer dagegen Seezunge *(lenguado)*, Lachs *(salmón)* oder Langusten *(langostas)* ordert, muss mit importierter Kühlware rechnen. Zum Fisch werden meist die Runzelkartoffeln *papas arrugadas* gereicht, die mit *mojo*-Soße aber auch für sich allein herrlich schmecken. Apropos *mojo*-Soße: Zu deren Zutaten gehören Knoblauch, Paprika, Salz, Essig und Öl; abgeschmeckt mit diversen Kräutern, erhält man die rote Variante *(mojo rojo)*. Scharfer roter Chili macht *mojo picón* daraus. Wird statt

> SPEZIALITÄTEN

Lassen Sie sich diese Köstlichkeiten gut schmecken!

cabra/cabrito – Ziegenfleisch bzw. Zicklein. Letzteres ist ein Saisongericht, Ziegenfleisch dagegen gibt es das ganze Jahr. Zicklein muss meist einen Tag vorher bestellt werden.

cerveza – Bier; empfehlenswert die auf den Kanaren gebrauten süffigen Sorten „Tropical" und „Dorada".

langostinos – Riesengarnelen, die nur unter Zuhilfenahme der Finger zu bewältigen sind. Sie werden gegrillt ser-

viert und zählen preislich zu den Spitzenreitern auf der Karte.

gallo – Fisch, der nie auf der Karte steht – Sie müssen danach fragen. Gallo ist leicht zu filetieren und hat nur wenige, große Gräten. Das Besondere ist das feste Fleisch, das an Huhn erinnert.

papas arrugadas – Die typisch kanarischen Runzelkartoffeln sind klein und werden mit Schale in Salzwasser gekocht, bis das Wasser verdunstet ist. Gewöhnlich werden sie zu Fischgerichten gereicht, oft stehen sie aber auch unter Vorspeisen gesondert auf der Karte. Stets kommt zu den Kartoffeln, die mit Schale verzehrt werden, eine Schale mit roter *mojo* auf den Tisch.

puchero canario – Gemüseeintopf, in dem sich alles vereinen lässt, was Garten oder Supermarkt gerade hergeben; Kürbis sorgt für die Sämigkeit. *Pucheros* werden mit einem Stück Fleisch geschmurgelt; die besten bekommt man in Familiengaststätten auf dem Land.

ron miel – „Honigrum", eignet sich als Schmankerl nach einem guten Mahl: ein Schnapsglas Rum mit Honig, zuweilen mit Sahnehäubchen verziert.

sancocho – Fischgericht, das mit Kartoffeln, Süßkartoffeln, Zwiebeln und geräuchertem Ziegenkäse zubereitet wird.

sopa de pescado – Fischsuppe, die möglichst viele verschiedene Fisch- und Meeresfrüchtesorten enthalten sollte – welche, hängt vom Tagesfang ab – und als Vorspeise serviert wird.

Paprika und Chili Petersilie und frischer Koriander verwendet, entsteht grüne *mojo*-Soße *(mojo verde)*, die sehr gut zu den feineren Fischsorten passt.

Typisch kanarische Fischgerichte sind der *sancocho* und die *sopa de pescado* (Fischsuppe). Das Fleischangebot umfasst Zicklein *(cabrito)*, Hammel *(carnero)* und Kaninchen *(conejo)*, zur Jagdsaison auch Wildkaninchen *(conejo salvaje)*.

Eine Delikatesse ist Ziegenkäse *(queso de cabras)*, besonders als Vorspeise; mit Tomaten, Salami oder Schinken ergibt er ein leichtes Mittagessen. Leider ist das typischste aller Inselgerichte in Lokalen kaum mehr zu haben: *gofio*. Seit der Zeit der Ureinwohner war dies das Grundnahrungsmittel auf den Kanaren, ein Zeugnis für die Armut der Bauern, bildete doch dieser Brei, vielleicht mit etwas Gemüse oder Ziegenmilch, über Wochen und Monate das einzige Nahrungsmittel. *Gofio* entsteht, indem man Getreide (meist Gerste) röstet, dann mahlt und das Mehl zu einem Brei verarbeitet.

Wein kommt meist vom spanischen Festland und ist fast immer trocken. Auch bei Sekt *(cava)* und Kognak herrschen spanische Marken vor. Mineralwasser wird fast immer nur flaschenweise serviert, entweder *con gas* oder *sin gas* – mit oder ohne Kohlensäure. Zum Abschluss eines guten Essens gehört ein Espresso, ein *café solo*. Man kann aber auch einen *café con leche* (mit viel Milch) oder einen *cortado* (mit wenig Milch) ordern.

Die Unterschiede bei den Restaurants sind gering. Eine nicht ganz billige Mittelklasse beherrscht das Feld. Vegetarisches bieten nur die Italiener und ein paar Spitzenlokale. Alle Lokale, in denen auch nur gelegentlich Touristen verkehren, verfügen über deutsche Speisekarten, auch wenn die Kellner kein Deutsch sprechen. Im Preis ist Bedienung zwar eingeschlossen, doch sollte man aufmerksamen Service mit 5–10 Prozent des Rechnungsbetrags zusätzlich honorieren. Zahlen Sie als Gruppe nicht getrennt, sondern rechnen Sie die Beträge, falls nötig, selbst auseinander.

Handarbeit: Herstellung von Ziegenkäse

Gegessen wird auf den Kanaren, wie überall in Spanien, mittags und abends etwas später als in Deutschland. Das Mittagessen *(almuerzo)* wird 13–15, das Abendessen *(cena)* 20–22.30 Uhr eigenommen. In den großen Ferienzentren und Hotels und Klubanlagen gelten allerdings mitteleuropäische Essenszeiten.

STICKEN UND FLECHTEN

Durchbruchstickereien, Flechtwerk aus Palmblättern sowie Naturkosmetika aus Aloe vera sind noch erschwinglich

> Die Kanaren sind Freihandelszone, allerdings merkt man davon nur wenig, da die Waren keineswegs gänzlich zollfrei und die Transport- und Lagerkosten hoch sind. So zahlt man denn für manche Waren sogar mehr als in Mitteleuropa. Besonders billig sind immer noch Tabak und Alkohol. Bei allen teuren Produkten sind Preisvergleiche mit der Heimat unerlässlich!

ALKOHOLISCHES

Marken vom spanischen Festland sind am stärksten vertreten. Gut und preisgünstig ist spanischer Kognak. Kunsthandwerksläden führen meist auch kanarischen Kaktuslikör und Rum mit Honig, *ron miel*.

ALOE VERA/KOSMETIK

Um die altbekannte Heilpflanze ist auf der Insel eine Industrie mit großen Plantagen entstanden. Aloe-vera-Produkte gibt es als Wundsalbe, vor allem aber als Naturkosmetik. Erhältlich sind sie fast überall. Achtung: Die Ware ist verderblich – nicht auf Vorrat kaufen! Markenkosmetik ist auf der Insel meist günstiger zu haben als daheim.

ELEKTRONIK & KAMERAS

Wenn Sie hier Kameras, Zubehör oder sonstige eletronische Geräte kaufen wollen, ist Vorsicht geboten! In vielen Läden sind leider Betrüger am Werk, und das von einem wortgewandten Inder angepriesene Schnäppchen erweist sich schnell als Übervorteilung, weil z.B. Zubehör fehlt oder gar der ganze Artikel eine Fälschung ist. Falls Sie doch kaufen wollen, nehmen Sie mehrere Freunde als Zeugen mit. Versuchen Sie zuvor übers Internet herauszufinden, was das gleiche Gerät in der Heimat kostet!

KUNSTHANDWERK

Obenan stehen Durchbruchstickereien, deren Entstehung Sie in der Stickereischule in Lajares oder in der Casa Santa María in Betancuria verfolgen können. Die Tischdecken oder Schürzen sind im Stil eigenständig, inseltypisch und er-

> EINKAUFEN

schwinglich. Sehr schlicht ist die mittel- bis dunkelbraune Keramik der Insel. Daneben finden Sie auch weiße oder bunte, vom Festland importierte Keramik. Ein dekoratives Zeugnis alter Handwerkskunst stellen Flechtarbeiten aus Palmblättern dar.

LEBENSMITTEL

Produkte der Landwirtschaft können nach der Heimkehr den Speiseplan bereichern: Ziegenkäse z.B. und Kaktusmarmelade. Auch Fertig-Mojo ist in vielen Läden zu haben. Safran, der in der hiesigen Küche großzügig verwendet wird, lohnt vor allem wegen des Preisvorteils.

LEDER & SCHUHE

Mittelpreisige Handtaschen, Gürtel, Reisetaschen, Geldbörsen, Rucksäcke aus Leder werden in der Regel aus Marokko importiert. Besonders interessant ist das reiche Angebot an spanischen Schuhen, die traditionell sehr schick und nicht sehr teuer sind.

TABAKWAREN

Bei Tabakwaren beschränkt sich das Sortiment meist auf Zigaretten der bekannten Marken sowie auf Palmeros, kleine Zigarren, die auf der Kanareninsel La Palma gedreht werden. In Corralejo und in Morro Jable finden Sie auch gute kubanische Ware.

WOCHENMÄRKTE

Die vorwiegend afrikanischen Märkte, die reihum in Morro Jable, Costa Calma, Caleta de Fuste und Corralejo an bestimmten Wochentagen Station machen, sind sehr beliebt für Sonnenbrillen, Taschen, Gürtel, T-Shirts, Latschen und ähnliche Billigware sowie für afrikanische Schnitzereien. Scheuen Sie sich nicht, kräftig zu feilschen! Und kaufen Sie keine Markenimitate – die bringen Sie zu Haus mit dem Gesetz in Konflikt! Als ganz besondere Urlaubserinnerung können sich die Damen der Schöpfung Rastafrisuren mit eingeflochtenen bunten Strähnchen und Perlen auf den Kopf zaubern lassen.

> WEISSER SAND UND SCHWARZE LAVA

Die Dünenlandschaft an der Nordostküste ist die größte, doch nicht die einzige Attraktion des Nordens

> Auch beim zehnten Besuch auf der Insel ist es noch ein Erlebnis: wenn man von Süden über die Landstraße FV 1 an der Montaña Roja die letzte Kuppe überquert und dann auf einmal das Dünengebiet von El Jable vor sich liegen sieht. Plötzlich fährt man durch eine weiße Traumwelt. Dies ist wohl der intensivste Landschaftseindruck auf der ganzen Insel.

Auch anderswo hält der Norden Ungewöhnliches bereit. Reihenweise ragen erloschene Vulkankegel auf, manche von schöner Symmetrie. Schwarze Lavabrocken bedecken große, menschenleere Areale. Weiter südlich dominiert Rostrot in der Landschaft; bei tief stehender Sonne leuchtet der Boden intensiv. Von den drei größten Orten ist nur Corralejo touristisch geprägt. La Oliva zählt zu den fünf historischen Hauptorten, von hier aus wird außer Corralejo auch das erst wenig vom Fremdenverkehr erfasste Cotillo verwaltet.

DER NORDEN

Puerto del Rosario ist die untouristische (und als Besuchsziel unterschätzte) Inselhauptstadt.

CORRALEJO

[117 E1] **Der Haupttouristenmagnet im Norden verdankt seine Attraktivität dem 20 km² großen Dünengebiet El Jable an seinem Südrand, das nahtlos in den Strand übergeht.** Ein „Dorf", wie es manche Prospekte noch nennen, ist Corralejo längst nicht mehr, dafür bunt, vielfältig und international wie keine zweite Ortschaft der Insel. Die Stadt besteht aus einem dicht bebauten, von Spaniern bewohnten Kern sowie einem breiten Gürtel aus Hotel- und Apartmentanlagen im Süden und Osten.

Eine Siedlung besteht hier erst seit dem 19. Jh. Noch 1940 bestand das Fischerdörfchen aus ganzen zwölf Häusern. Als 1967 die ersten Ferien-

CORRALEJO

Strandbar bei Corralejo

apartments entstanden, gab es im Ort weder elektrischen Strom noch Wasserleitungen. Dies änderte sich erst in den 1970er-Jahren. Dann setzte, verstärkt ab 1980, der große Bauboom ein. Mit der neu gestalteten Hauptstraße und der Fußgängerzone ist ein urbaner Mittelpunkt entstanden, in dem allabendlich zünftiger Ferientrubel herrscht. Mehr spontan als geplant hat sich am Wasser eine Promenade herausgebildet, an der man essen und trinken kann. Statuen an der Mole ehren die Seeleute von Corralejo, die sich in schwierigen Zeiten um die Entwicklung des Ortes verdient machten.

Glücklicherweise war die Gemeinde so klug, keine mehrstöckigen Großhotels zu genehmigen; die außerhalb in den Dünen liegenden Blöcke von Tres Islas und Oliva Beach blieben die einzigen Sündenfälle.

Neben den Playas de Sotavento im Süden sind die ★ *Wanderdünen El Jable* das größte Glanzlicht der Insel. Diese vom Nordostpassat unablässig in Bewegung gehaltenen weißen Sandberge bilden mit ihren von typischer Flora begrünten Tälern und seltenen Tieren ein kostbares Ökosystem. Seit 1982 steht es unter Naturschutz, doch da war ein Teil seines Nordsaums schon bebaut. Die Verlockung, durch Baugenehmigungen am Rande der Dünen die Gemeindekasse zu füllen, war für die Gemeindeväter von La Oliva, zu deren Sprengel Corralejo gehört, lange Zeit unwiderstehlich. Im Gespräch ist, die 1975 mitten durch die Dünen asphaltierte Landstraße wieder zu schließen. Beachten Sie, dass das Fahren in den Dünen streng bestraft wird.

ESSEN & TRINKEN

Im Bereich von Plaza, Fußgängerzone und Hauptstraße gibt es eine reiche Auswahl an internationaler Küche – bis hin zu indischen und chinesischen Restaurants. Tagsüber sitzt man am schönsten an der inoffiziellen Uferpromenade. Allerdings ist es dort sehr touristisch – die Preise liegen höher als im „Hinterland", und die Qualität wie auch der Service sind meist schlechter. Das *Marquesina* an der kleinen Mole, jahrelang kulinarisch führend, leidet unter seiner Größe, obwohl die Küche noch recht anständig ist. Fleischliebhaber lockt *El Sombrero* am Nordende der Uferpromenade mit am Tisch zubereiteten Grillgerichten, schönem kanarischem Ambiente und netter Bedienung *(nur abends | Mi geschl. | Tel. 928 86 75 31 | €€)*. Auf der Rückseite des Blocks bietet sich das *Café Antiguo del Puerto* als preisgünstiges Tapaslokal an. Den besten Kaffee bekommen Sie im *Ambaradam (CC Cactus | am Anfang der Avda. de las Grandes Playas)*. Dort gibt es ab 8.30 Uhr Frühstück und den ganzen Tag über Crêpes, belegte Brote und allerlei Gebäck. Wegen seines Meerblicks und guter Imbisse beliebt ist das *Café Latino* an der Promenade *(nahe El Sombrero)*.

EL ANDALUZ

Manolo und seine österreichische Frau Birgit haben Corralejo das feinste Lokal für Genießer geschenkt. Achtung: Es gibt nur sieben Tische, das heißt: zeitig reservieren! Raucherlokal. *Nur abends | Mi geschl. | C. La Ballena 5 | Tel. 676 70 58 78 | €€*

AVENIDA

Hier gibt es in schlichtem Ambiente die größten Fischportionen. Laut ist es und eng, aber großartig. Wer nach 19 Uhr kommt, muss häufig anstehen. *Mo geschl. | C. Pizarro/Ecke General Prim (nahe Bristol Playa) | Tel. 928 86 71 45 | €–€€*

LOS PEPES

Gegenüber vom *El Andaluz:* ebenso klein wie freundlich und (fast) ebenso gut. Restaurantsprache ist Englisch. Reservierung nötig. Raucherlokal. *Nur abends | Mo geschl. | C. La Ballena | Tel. 928 86 73 02 | €€*

LA SCARPETTA

Der beste Italiener am Ort. Wählen Sie aus den Tagesangeboten, und versäumen Sie keinesfalls den exzellenten Espresso! *So geschl. | CC La Menara (mit dem Glockenturm) | Tel. 928 53 58 87 | €€*

TIO BERNABÉ

Beliebtes Lokal in der Fußgängerzone: kanarische Gerichte, darunter frischer Fisch, am Wochenende untermalt mit kanarischer Livemusik. Auch vegetarische Speisen. *C. La Iglesia 17 | Tel. 928 53 58 95 | €€*

EINKAUFEN

An der Hauptstraße gibt es beinahe alles, aber die Preise sind eher hoch. Bei *Dany Sport*, dem größten Sportgeschäft am Ort, finden Sie u. a. Wander- und Campingausrüstung, Golfzubehör, Sportkleidung und Rollschuhe *(Avda. Nuestra Sra. del Carmen 42)*. Die *Galería Canaria*, nebenan im Keller, führt neben ein paar nützlichen Dingen eine derartige Fülle an kuriosem Schnickschnack, dass der Laden

MARCO POLO HIGHLIGHTS

★ Wanderdünen El Jable
Nichts als endloser, weißer Sand – Dünenberge und Täler, die ständig in Bewegung sind (Seite 32)

★ Centro de Arte Canario
Anspruchsvolles kanarisches Kunstforum für Freunde zeitgenössischer Kunst in Oliva (Seite 43)

Fröhlich-naiv: Kunstgalerie in Corralejo

selbst schon fast als Sehenswürdigkeit gelten kann.

Insider Tipp *La Tienda* (Inhaber: Josef Haberl), das beste Tabakgeschäft der Insel, hat nicht nur feine Havanna-Zigarren, sondern auch exquisiten Alkohol, darunter ein paar Flaschen des äußerst raren Fuerteventura-Weins *(C. José Segura Torres 3)*. Bei Zigarillos ist der *America Shop* oft preisgünstiger *(Avda. Nuestra Señora del Carmen | nördlich vom Hoplaco)*.

Die Galerie *La Fuentita (am Beginn der Fußgängerzone)* führt das beste Kunst- und Kunsthandwerkssortiment am Ort. Betörende Düfte, Naturschwämme, Damenkleidung und Handtaschen finden Sie im *Mystic* an der Promenade *(beim Restaurant El Sombrero)*.

Ein Spezialist für Surfausrüstung ist *Paradise (C. General García Escamez/Ecke C. General Linares)*.

Montags und freitags findet ein – vorwiegend afrikanischer – *Flohmarkt* statt: Gürtel, Billigarmbanduhren, Trommeln, Schnitzereien, T-Shirts, gestickte Tischdecken, Zopfflechter. Hier sollten Sie feilschen *(9 bis 13 Uhr | an der Hauptstraße auf dem Baku-Gelände)*.

ÜBERNACHTEN

LOS BARQUEROS

Zweigeschossige Bauten mit 80 Apartments umschließen einen schattigen Garten mit großem Pool. Der Ortsstrand ist nur eine Minute entfernt, und ins Stadtzentrum ist es auch nicht viel weiter. Familienfreundlich. *Avda. Generalísimo Franco | Tel. 928 53 52 51 | Fax 928 53 54 91 | www.atlantishotels.com* | €€

BLUE BAY PALACE

Vier-Sterne-Haus: zentral, strandnah und viel gelobt. 228 Zimmer, manche mit Meerblick. Tennisplätze, Pools im Winter beheizt. *Avda. de las Grandes Playas 12 | Tel. 928 53 60 50 | Fax 928 53 53 67* | €€€

LA CABAÑA

Fünf Apartments zu Sozialpreisen. Morgens verwöhnt Wirtin Helga ihre Gäste mit frischen Brötchen. Nur direkt buchbar; *C. Nuestra Señora del Pino 14 | Tel./Fax 928 53 50 39* | € *(ohne Verpflegung)*

GRAN HOTEL ATLANTIS BAHIA REAL

Das führende Luxushotel der Insel. Drei Merkmale heben es heraus: die 3000 m² große Wellnesslandschaft mit kosmetischen und physiotherapeutischen Anwendungen, die vier À-la-Carte-Restaurants (darunter das einzige japanische der Insel), in denen auf Gourmetniveau gekocht wird, sowie das hohe Serviceniveau. 72 der 250 Zimmer sind Suiten von bis zu 160 m² Größe. Man möchte gar nicht wieder ausziehen! *Ostende der Avda. de las Grandes Playas | Tel. 928 53 64 44 | Fax 928 53 75 75 | www.atlantisbahiareal.com* | €€€

LAS MARISMAS

Die 2004 eröffnete Anlage mit 232 Zwei- und Dreizimmerapartments gewann rasch viele Freunde. Sie liegt ruhig (gleich östlich vom Baku), es gibt einen Süß- und einen Salzwasserpool, Tennis, Squash, Minigolf und gute Kinderbetreuung. *C. Huriamen, Tel. 928 53 72 28 | Fax 928 53 71 82 | www.lasmarismas.info* | €€

RIU OLIVA BEACH/RIU TRES ISLAS

Mit Meerblick mittten in den Dünen wohnen – das hat was! Heute würde ein Neubau an dieser Stelle sicher nicht mehr genehmigt. Das *Oliva Beach (401 Zi.)* wird als reines Clubhotel geführt, das teurere *Tres Islas (365 Zi.)* hat den schöneren Garten. Beide sind frisch renoviert und bieten reichlich Animation und Sport. *Oliva Beach: Tel. 928 53 53 34 | Fax 928 86 61 54; Tres Islas: Tel. 928 53 57 00 | Fax 928 53 58 58 | beide www.riu.com* | €€€

FREIZEIT & SPORT

ANGELN UND BOOTSTOUREN

Hochseeangeltouren ab Hafen, z.B. mit dem Katamaran „Pez Velero". 50 Euro (Zuschauer 45 Euro) inklusive Ausrüstung und Getränke. Anmeldung: *Tel. 928 86 61 73*. Ein Törn im Glasbodenboot „Celia Cruz" lässt un-

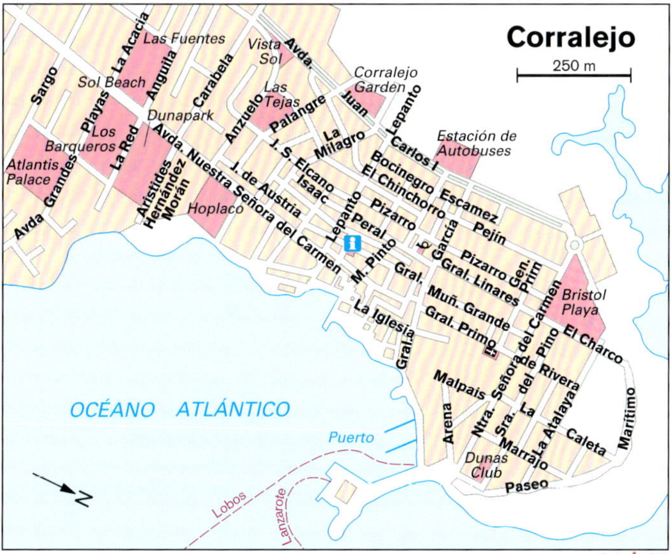

ten sehen, was andere oben angeln *(stdl. 9.30–16.30 Uhr ab Hafen).*

BAKU

Der große Freizeitpark umfasst den *Water Park* für kleine und große Wasserratten *(10–18 Uhr, im Winter geschl. | Eintritt 18 Euro)*, eine Bowlingbahn *(18–1 Uhr)*, eine Golfübungsanlage *(15–22 Uhr)*, den *Europapark (tgl. 19-24 Uhr)* mit dem furchteinflößenden *Hotel del Terror* sowie andere Attraktionen. *Rechts der südlichen Ortseinfahrt | www.bakufuerteventura.com*

>LOW BUDGET

- Das *Flagbeach Windsurf Center* führt das Sieben-Zimmer-Hostel ▶▶ *Sol y Mar* mitten in Corralejo: 15 Euro kostet hier die Nacht im Zweibettzimmer inklusive Frühstück und jeder Menge Surferinfos. *C. General Linares 31 | Tel. 928 86 63 89 | Fax 928 53 55 39*
- Bei dem italienischen Selbstbedienungsrestauranz *Da Uli* in Corralejo kostet kein Gericht über 6 Euro! *C. Crucero Baleares*
- Die Strandbar *Corintia* in Corralejo ist auch preislich attraktiv: kleines Frühstück mit O-Saft und Milchkaffee 2,95 Euro, nachmittags Kaffee und Kuchen 2,25 Euro, zudem gibt's 15.30–17.30 Uhr zwei Drinks zum Preis von einem. *Zwischen C. La Red und Aristides Hernández Morán*
- Der Spartipp für den Abend: die ▶▶ *Café Lounge* in Corralejo. Ein großes Bier, selbst an der Theke abzuholen, kostet nur 2 Euro, und ins Internet kommt man per WLAN auch noch gratis. *C. Pulpo 6 (neben Dunas Club)*

FAHRRAD/MOTORRAD FAHREN

In der Innenstadt mietet man Räder bei *Vulcano Biking (C. Acorazado España 12 | Tel. 928 53 57 06).* Manche Verleiher bieten auch organisierte Radtouren an, so *Ventura Biking* am Lobos Bahía Club *(an der Hauptstraße | Tel. 637 40 82 33)* und das Bikecenter von *Matchpoint Sports (C. Las Dunas | Tel. 928 53 53 62).* Auch etliche Apartmentanlagen und Hotels halten für ihre Gäste Mieträder bereit.

Quad Adventure bietet Ausflüge auf Vierrad-Motorrädern. *C. Acorazado España 14 | Tel. 660 09 96 94*

JETSKI

Für die „Wassermotorräder" gelten eingeschränkte Nutzungszeiten. *Ab Steg am Hafen*

SEGELN

Wechselnde Mitsegelangebote am Hafen. Fragen Sie speziell auch *Fuertecharter (Tel. 928 34 47 34).*

STRÄNDE

Unter *Playa de Corralejo* wird nicht der kleine Ortsstrand, sondern der 5 km weiter südöstlich bei den Hotels *Tres Islas* und *Oliva Beach* gelegene Dünenstrand verstanden. Ein Stück südlich der Hotels, wo die Straße noch nicht in Strandnähe verläuft, befindet sich ein beliebtes FKK-Revier. Beachten Sie die Signalfahnen: Bei Rot ist das Baden wegen zu starker Strömung verboten, bei Gelb sollten Sie in Ufernähe bleiben.

TAUCHEN, SCHNORCHELN, SCHWIMMEN
Die Besichtigung der Unterwasserwelt von Corralejo wird u. a. ermöglicht durch das *Dive Center Corralejo (C. Nuestra Señora del Pino, nahe Dunas Club | Tel. 928 53 59 06)*, die Tauchschule *Punta Amanay (C. El Pulpo 5 | am Dunas Club | Tel. 656 44 76 57)* und das *Atlantico Dive Center (Avda. de las Grandes Playas 72 | Tel. 928 86 65 39)*.

Schnorchelsafaris zur Insel Lobos bietet *Get Wet (Tel. 660 77 80 53, Udo)*. Schwimm- und Schnorchelunterricht erteilt *Swimfuerte*, Info und Treff bei *Extreme Animals & Sports (C. las Dunas | Laden 3 | Tel. 928 53 53 62)*.

WINDSURFEN
Für Anfänger ist die kleine Bucht des Ortsstrands am günstigsten; dort befindet sich auch die Surfschule *Ventura Surf* mit Brettverleih *(Tel. 928 86 62 95 | www.ventura-surf.com)*. 200 m nördlich vom Hotel Tres Islas liegt das ▶▶ *Flag Beach Windsurf Center*, das auch Drachensurfen anbietet *(Tel. 928 86 63 89 | www.flagbeach.com)*.

Wenn man nicht gerade Gegenwind hat, kann man auf Fuerteventura gut Fahrrad fahren

AM ABEND
Beliebt ist die *Plaza Felix Estévez González* in der Fußgängerzone, wo abends Musiker aufspielen und man trinken und essen kann. Fest in britischer Hand sind die Bars im *Centro*

Atlántico, wo in der Saison allabendlich der Bär tobt.

BOUGAINVILLE

Kleine, nicht teure Cocktailbar mit Freisitz in der Fußgängerzone. *C. La Iglesia | neben Tio Bernabé*

ROCK CAFÉ

Treffpunkt für passionierte Nachtschwärmer – nicht nur für die jungen; mit Terrasse. *Avda. Gen. Franco | gegenüber vom Hotel Duna Park*

DIE SCHAUKEL

Die letzte verbliebene deutsche Kneipe in der „Altstadt"; mit Freisitz. *Plaza Pública*

WAIKIKI

Ein schöner Ort für einen ruhigen Cocktail an frischer Luft, ▶▶ Sa Disko. *C. Aristides H. Morán (am Strand)*

AUSKUNFT

OFICINA DE TURISMO

An der kleinen Mole | Tel. 928 866235 | Fax 928 86 61 86

ZIELE IN DER UMGEBUNG

CUEVA DEL LLANO [117 D3]

Lange war sie nur Einheimischen bekannt, jetzt wurde sie begehbar gemacht: die 648 m lange, größte Lavahöhle der Insel. Sie entstand vor etwa einer Million Jahren, als ein Lavastrom außen erkaltete, sodass eine feste Hülle entstand, aus der das flüssige Innere herauslief. Man besichtigt sie mit Grubenlampen. Das 300 m weite Vordringen in völlige Finsternis (nur mit Führung) ist das Haupterlebnis, die Höhle bietet ansonsten wenig. Über die geologischen Details und eine blinde Spinnenart, die nur hier lebt, gibt eine kleine Ausstellung Auskunft. *Di–Sa 10–18 Uhr | Eintritt 5 Euro | 11 km*

Hier ist Tourismus noch Nebensache: Fischerboote im Hafen von Cotillo

auf der FV 101 Richtung Villaverde, dann rechts (Schild)

LANZAROTE [0]

Die wegen ihrer Naturwunder bekannte Insel kann man von Corralejo aus sehen. Mehrmals täglich verkehren von der großen Mole aus Fährschiffe. Die Überfahrt dauert mit der normalen Fähre 25, mit dem Großkatamaran 12 Minuten. Über die Reisebüros in der Hauptstraße können Sie auch geführte Ganztagsausflüge buchen. *Ausführliche Hinweise finden Sie im MARCO POLO Reiseführer „Lanzarote".*

LOBOS [117 F1]

Das nur 6 km² große, autofreie Eiland nördlich der Stadt steht seit 1982 unter Naturschutz. Es ist ein schönes Ziel für einen (Halb-) Tagesausflug zum Wandern und Baden. Der volle Name „Isla de los Lobos" bedeutet „Robbeninsel", doch Robben gibt es hier schon lange nicht mehr.

Von der Mole links gelangt man zu einer flachen Badebucht und einem 127 m hohen Vulkanrest. Auf den Hauptwegen wandert man zum Nordkap (Leuchtturm) und zurück in 2–3 Stunden. In dem winzigen Fischerdorf – von der Mole nach rechts – erhält man zu trinken und zu essen, am besten auf Vorbestellung gleich nach der Ankunft bei *Antonio*. Nehmen Sie zum Wandern und Baden Proviant, vor allem Wasser, mit, und entsorgen Sie Ihre Abfälle bitte in Corralejo. *Mehrere Verbindungen tgl. ab 10 Uhr*

LA ROSITA [117 D3]

Ein privates Bauernmuseum mit lebendem Vieh und einem guten Laden, der u.a. Marmelade, Palmsirup und Literatur zu den Kanarischen Inseln führt. Interessant sind auch die historischen Fotos. *An der FV 101 9,5 km nach Süden, auf der rechten Seite (Hinweisschild) | Mo–Sa 10–18 Uhr | Eintritt 5,50 Euro*

COTILLO

[116 B2] **Dieses animationsfreie Fischerdorf im Nordwesten der Insel ist etwas für ruhebedürftige Individualisten. Der Ort sieht etwa so aus wie Corralejo vor zwanzig Jahren.** Ihn idyllisch zu nennen wäre geschmeichelt, dennoch ist es gerade die etwas raue Schlichtheit, die vielen gefällt.

Cotillos Geschichte geht bis ins 17. Jh. zurück, als der Ort als Handelshafen fungierte. Zu seinem Schutz wurde im Jahr 1743 der am südlichen Ortsrand beim neuen Hafen erhaltene Wehrturm *Castillo de Tostón* erbaut, zeitgleich mit seinem Schwesterturm in Caleta de Fustes. Da aber war die Zeit der gefürchteten Piratenüberfälle praktisch schon vorbei, dramatische Heldengeschichten hat das alte Gemäuer also nicht zu erzählen. Heute finden hier wechselnde Kunstausstellungen statt. Als weitere Zeugen der Geschichte berichten nahe gelegene alte Kalköfen von El Cotillos einstiger wirtschaftlicher Bedeutung.

Der alte Hafen war – und ist – von See her schwer zu erreichen, da ein vorgelagertes Riff, das die Dünung bricht, nur einen sehr engen Durchlass gewährt. Seemännische Steuerkünste und reichlich Gottvertrauen sind nötig; und so gewinnt die große Aufschrift auf der Felswand am Hafen ihren eigentlichen Sinn. „Viva la Virgen del Buen Viaje“ steht dort: Es lebe die heilige Jungfrau der guten Reise.

Kommen Sie mit dem Pkw über die Landstraße, sollten Sie geradeaus in den Ort hineinfahren. Fahren Sie kurz vor dem Ortsende linksab, gelangen Sie zum Festungsturm, zu den Kalköfen, zum neuen Hafen, zu mehreren Restaurants und zum großen Strand. Biegen Sie kurz vorm Ende nach rechts ab, so kommen Sie zum alten Hafen mit weiteren Lokalen – Cotillos urigster Ecke. Möchten Sie zu den kleinen Badebuchten und zur Punta de Tostón, folgen Sie der im Ort zweimal nach schräg rechts abknickenden Hauptstraße.

ESSEN & TRINKEN

In Cotillo kommen Meeresfrüchte- und Fischliebhaber voll auf ihre Kosten. Am Wochenende reisen die Leute sogar aus Puerto del Rosario an, um in einem der hiesigen Bar-Restaurantes zu speisen. Die meisten liegen nahe beim alten und beim neuen Hafen. Beliebt für Kaffee und Kuchen ist die Bäckerei *El Goloso* Insider Tipp *(C. León y Castillo | am nördlichen Ortsrand).*

AZZURRO

Italienische Alternative, rechts der an den Badebuchten im Norden entlangführenden Straße unübersehbar. Terrasse mit Meerblick, vor allem beim Sonnenuntergang eine Wonne. Gute Pasta- und Fischgerichte, selbst gemachte Desserts. *Mo geschl. | Tel. 928 17 53 60* | €€

LA VACA AZUL

„Die blaue Kuh“ am alten Hafen ist ebenso beliebt wegen der Terrassen mit schönem Meerblick wie für den frischen Fisch, nach dem Sie fragen sollten. Ansonsten finden Sie auf der Karte neben dem Üblichen auch vier

> UNFREIWILLIGES EXIL

Vom Verbannungsort zum Urlaubsparadies

Die fernab gelegenen Kanarischen Inseln, besonders Hierro und Fuerteventura, waren für Spanien noch bis ins 20. Jh. hinein, was Australien einmal für die Engländer war: ein Abschiebeort für kriminelle und aufrührerische Gestalten. Aus dieser Entfernung konnten sie nicht mehr lästig werden.
Und so war Miguel de Unamuno (1864 bis 1936), jener bedeutende spanische Dichter und Philosoph, der die Insel Fuerteventura in dem Buch „De Fuerteventura a París“ literarisch verewigt hat, keineswegs der Einzige, der von der spanischen Regierung hierher verbannt wurde. Ihn traf es 1924 wegen seiner Gegnerschaft zur Militärdiktatur Primo de Riveras. Zu Zeiten der Republik nahm die Insel den Anarchisten Buenaventura Durruti auf, unter dem Diktator Franco die Spitzen der ihm unbequemen Opposition. Nicht alle werden Fuerteventura wie Unamuno als „Oase in der Wüste der Zivilisation“ erlebt haben. Und schließlich hat selbst Unamuno seine Flucht von der Insel organisiert. Immerhin wurde ihm an einsamer Stelle ein Denkmal errichtet.

Pizzasorten. *Mo geschl.* | *Tel. 928 53 86 85* | €€

ÜBERNACHTEN

COTILLO LAGOS

Der Name verrät, wo man wohnt: direkt an den Badebuchten, den *Lagos de Cotillo* nördlich des Ortes. 161 Studios und Apartments bieten sehr preisgünstige Erholung für Ruhebedürftige. *Tel. 928 17 53 88* | *Fax 928 17 53 89* | €

JUAN BENÍTEZ APARTAMENTOS

Die am südlichen Ortsrand abseits der Hauptstraße gelegene kleine Anlage enthält neun geräumige, Ferienwohnungen in moderner Ausstattung mit Balkon oder Terrasse. Schöner Meerblick, Pool. *Nur direkt buchbar* | *C. la Caleta 10* | *Tel./Fax 928 53 85 03* | *juanbenitez7@hotmail.com* | € *(ohne Verpflegung)*

FREIZEIT & SPORT

Der Strand südlich von Cotillo und die kräftige Brandung locken Badegäste an, denen ruhiges Wasser zu langweilig ist, vor allem Fun-Board-Spezialisten und Wellenreiter. Für weniger sichere Schwimmer und Surfer sind die Verhältnisse allerdings nicht geeignet, zumal an vielen Stellen flache Felsen im Wasser anstehen. In den von Riffen geschützten kleinen Buchten nördlich des Ortes, den *Playas de los Lagos,* ist das Wasser stets ruhig. Dort können auch Kinder gefahrlos baden.

ZIELE IN DER UMGEBUNG

LAJARES [116 C2]

Den kleinen, 8 km vor El Cotillo gelegenen Weiler passiert jeder, der von Corralejo aus Richtung Cotillo über die Landstraße kommt. Bekannt ist der Ort durch die *Stickereischule von Natividad Hernández López* und das Kunsthandwerksgeschäft *Artesanía Lajares* (in Richtung Corralejo rechter Hand gelegen). Dort werden nicht nur die berühmten Stickereien, sondern auch traditionelle Töpferwaren und anderes Kunsthandwerk der Insel verkauft. Besucher können auch das Entstehen der Durchbruchstickereien verfolgen.

Beliebtes Motiv: Windmühle von Lajares

Ein beliebtes Fotomotiv in Lajares ist die dreistöckige *Windmühle* an der alten Straße nach Oliva (Wegweiser „Ermitá"). Schräg gegenüber steht die auffällige Holzkonstruktion einer weiteren Mühle.

Los Pinchitos – „die Spießchen" – nennt sich eine Dorfgaststätte, die für ihre guten Ziegenfleischgerichte bekannt ist *(rechts der Straße Richtung Corralejo | Mi geschl. | €).*

Was entsteht, wenn ein deutscher Gourmetkoch auf den Kanaren ein Landgasthaus eröffnet? Insider Tipp *El Patio de Lajares* zeigt's: ein Reiseziel vor allem für Liebhaber edelster französischer Tropfen – mit dem Vorteil, dass nach den Genüssen schon das Bett in einem der sechs Gästezimmer wartet. Zum Speisen (abends erst ab 20 Uhr!) wird Reservierung erbeten *(Mo/Di geschl. | an der alten Landstraße von Lajares Richtung Cotillo | Tel. 650 13 40 30 | Fax 609 65 63 79 | www.patio-lajares.com | €€€).*

Surfer und ihre Freunde treffen sich bei Salaten, Currys und Burgern in der Bar ▶▶ *U-Turn* (mit Surfershop) an der Ortsausfahrt Richtung Corralejo rechts.

Bemerkenswert in der Gegend sind die bis zu mannshohen Mauern aus lose geschichteten Lavabrocken. Die derart umfriedeten Grundstücke aber sind vielfach selbst nur wieder mit faust- bis kopfgroßen Lavabrocken bedeckt. Während diese wegen ihrer Wasser anziehenden Wirkung ausgelegt wurden, sollten die Schutzmauern die Ziegen von den hier einst angebauten Nutzpflanzen fernhalten, wobei nicht etwa die Ackerknechte der allmächtigen Grundherren, sondern die Ziegenhalter zum Bau der Mauern verpflichtet wurden. Heute werden die Felder nicht mehr bestellt.

PUNTA DE TOSTÓN [116 B1]

Von Cotillo führt eine Stichstraße an den weißsandigen Badebuchten (und großen, aber stillgelegten Baustellen) der *Playas de los Lagos* vorbei zum 4 km entfernten Nordwestkap mit seinen Leuchttürmen aus drei Generationen. Über eine Piste kann man weiter nach Corralejo fahren. In den Sommermonaten breiten sich hier spanische Camper aus.

OLIVA

[116 C4] **Die Kleinstadt mitten im Inselnorden ist das Zentrum einer traditionellen Ackerbauregion.** Von hier aus wird – wie schon zur Guanchenzeit – der Inselnorden verwaltet. 1709–1859 war Oliva Amtssitz des Inselgouverneurs.

> LÄNDLICHER TOURISMUS

Fuerteventura hat mehr als Sonne, Strand und Meer!

Je trubeliger es an der Küste wird, desto mehr zieht es Ruhesuchende ins Inselinnere: zum Wandern oder Wohnen. Die Inselregierung fördert diesen Trend. Mittlerweile gibt es mehr als ein Dutzend stilvoller Landhotels, darunter *La Era del Corte* in Antigua (S. 54) und die *Casa Isaítas* in Pájara (S. 64); eine spanische Liste finden Sie unter *www.ecoturismocanarias.com/fuerteventura*. Auch geführte Wanderungen (S. 99) gehören zum ländlichen Tourismus, desgleichen die ländlichen Museen und die Wiedererschließung der historischen *Caminos reales*, der „Königswege", die die alten Orte miteinander verbanden. Mehr dazu erfahren Sie von Frau von der Twer, einer Pionierin des ländlichen Tourismus und Wirtin der *Villa Volcana* (S. 44) bei La Oliva.

SEHENSWERTES

CASA DE LA CILLA

Die ehemalige Zehntscheune der Gemeinde wurde als Getreide- und Ackergerätemuseum hergerichtet. Texte, die an der Rezeption auch auf Deutsch vorliegen, sowie Ackergerät und historische Fotos geben einen Einblick in die Insellandwirtschaft. *An der Straße Richtung Cotillo linker Hand | Di–Fr, So 9.30–14, 14.30 bis 17.30 Uhr (schließt oft vorzeitig!) | Eintritt 1,20 Euro*

CASA DE LOS CORONELES

Die zweigeschossige Residenz mit zinnenbewehrten Ecktürmen und 40 Räumen ist der bedeutendste Profanbau der Inselgeschichte. Er entstand im 17. Jh. als Herrensitz. Anfang des 18. Jhs., nach dem Machtverfall der *señores,* zog die Militärverwaltung ein – daher der Name „Haus der Obristen". Im November 2006 wurde der frisch renovierte Bau von König Juan Carlos wieder eröffnet. Eine Inneneinrichtung ist nicht erhalten. Ein Teil der Räume wird für Ausstellungen genutzt. *Di–So 10–14, 16.30 bis 19 Uhr | Eintritt frei | am südlichen Ortsrand*

Skulptur im Garten der Casa Mané, des Centro de Arte Canario

CENTRO DE ARTE CANARIO ★

Die Casa Mané und zwei unterirdische Ausstellungsgänge formen ein ungewöhnliches Forum anspruchsvoller kanarischer Gegenwartskunst. Den Hof dieses Kunstzentrums schmücken Skulpturen, von denen einige die alte Sage vom Riesen Mahón nachstellen. Zwei große Mobiles stellen den Riesen und sein abgetrenntes Glied dar. *Mo–Sa 10–17 Uhr | Eintritt 4 Euro | gegenüber der Casa de Los Coroneles*

KIRCHE

Der dreischiffige, weiße Bau der Iglesia de Nuestra Señora de la Candelaria mit einem Turm aus dunklem Naturstein wurde um 1711 errichtet. Er birgt einen barocken Marienaltar und eine Kanzel, die Bildnisse der vier Evangelisten zeigt. *Keine festen Öffnungszeiten | Ortsmitte*

ÜBERNACHTEN

Insider Tipp

VILLA VOLCANA

Am Nordhang des Vulkans Monte Arena („Sandberg"), westlich des Vororts Villaverde steht ein kleines Haus mit großem Garten und bestem Fernblick. Die vier Apartments (mit Terrassen) sind ideal für Ruhe Suchende. Schönes Interieur, deutsche Wirtin. *Nur direkt zu buchen über Tel./Fax 928 86 86 90 oder Tel. 608 92 83 80 | € (ohne Verpflegung)*

ZIEL IN DER UMGEBUNG

TINDAYA **[116 B4]**

Die von La Oliva nach Südwesten führende Hauptstraße passiert nach etwa 5 km den rechter Hand liegenden *Berg Tindaya*. Der knapp 400 m hohe Vulkanrest, der aus dem marmorartigen Ergussgestein Trachyt besteht, ist durch Eisenoxide rot gefärbt. Die Altkanarier verehrten den Berg als heilig und hinterließen auf ihm über einhundert schematisierte Ritzzeichnungen von Füßen, die in Bezug stehen zur Position der Sonne zur Winter- und zur Sommersonnenwende sowie zu bestimmten Positionen von Mond und Venus. Der Berggipfel scheint mithin als Observatorium sowie als Zentrum eines Sonnenkultes gedient zu haben. Der Berg wurde daher 1994 zum Naturdenkmal erklärt. Obwohl seine historische Bedeutung schon vorher bekannt

Der weiße Baukörper der Kirche von Oliva steht in reizvollem Kontrast zum dunklen Turm

war, begann eine Firma 1991, ihn als Steinbruch zu nutzen. Die Arbeiten wurden später zwar eingestellt, die an der Flanke gerissene Wunde zeugt aber weiterhin vom hiesigen politischen Filz, dem der Schutz von Natur und Geschichte ziemlich gleichgültig ist, sobald sich aus einer Sache irgendwelche Einnahmen schlagen lassen.

Viel Staub aufgewirbelt hat der Plan des Bildhauers Eduardo Chillida (1924–2002), den Berg zu einem riesigen Kunstwerk umzugestalten. Chillida wollte einen 50 x 50 x 50 m großen Hohlraum in den Berg hauen und von dort aus zwei senkrechte Schächte und einen waagerechten Tunnel derart ins Freie führen, dass die Bezüge des Berges zu Himmel und Meer auf neue Weise erlebbar werden. Die Inselregierung hat Proteste von Umwelt- und Denkmalschützern ignoriert und die Ausführung des Plans beschlossen. 11,8 Mio. Euro für eine erste Machbarkeitsstudie versickerten in dunklen Kanälen. Eine zweite Studie erklärte den Plan für realisierbar, doch ein Bauauftrag wurde bisher nicht erteilt. Ein Besteigen des Berges ist nicht gestattet.

Ein Stück weiter die Landstraße entlang, sehen Sie gegenüber, am Berghang der Montaña Quemada [116 B5], über einer langen Mauer ein Standbild des Dichters, Philosophen und Franco-Gegners Miguel de Unamuno. Er ist der berühmteste spanische Literat, der je über die Insel schrieb – allerdings kam er hierzu eher unfreiwillig, denn er wurde 1924 von der spanischen Regierung hierher verbannt.

Tindaya, der heilige Berg der Altkanarier

PUERTO DEL ROSARIO

[121 D2–3] **Wenn Sie schon auf Fuerteventura sind, machen Sie doch mal einen Ausflug nach Spanien! Vor allem aus der Perspektive der Ferienclubs ist die nahezu touristenfreie Inselhauptstadt nämlich eine andere Welt.** Zwar glänzt Puerto Rosario (so die gebräuchliche Kurzform) weder durch Alter noch durch besondere Schönheit, gleichwohl ist die Hafenstadt von 25 000 Einwohnern die lebendigste Ortschaft der Insel.

Der Ort entstand ab 1797 als Hafen des binnenwärts gelegenen Weilers Tetir. Eine Quelle lockte viele Ziegen an, und so nannte man die neue Siedlung *Puerto de Cabras*, „Ziegenhafen". Mit der Zunahme des Schiffsverkehrs nach Gran Canaria, Teneriffa und zum Festland siedelten sich immer mehr Festlandsspanier und Bürger Gran Canarias hier an.

1835 löste sich der auf 500 Einwohner angewachsene Ort von Tetir und wurde eine selbstständige Gemeinde. Seine weitere Entwicklung hat er vor allem englischen Kaufleuten zu verdanken, die im 19. Jh. von hier aus Sodakraut, den Farbstoff der Cochenille-Läuse und gebrannten Kalk verschifften. Einige Jahre lang unterhielt Großbritannien hier sogar ein Konsulat. Die erste Blütezeit endete noch vor 1900, als die exportierten Naturprodukte ihre wirtschaftliche Bedeutung verloren. Als wichtigster Inselhafen hatte Puerto de Cabras die älteren Ortschaften aber längst überflügelt und war als zentraler Inselzugang bereit 1860 zur Hauptstadt Fuerteventuras aufgestiegen. Nach und nach entstanden seit der Zeit um 1900 repräsentative Verwaltungsgebäude, und ein erstes Hotel öffnete seine Pforten. Der Name „Ziegenhafen“ wurde allmählich als unwürdig empfunden. 1956 erfolgte die Umbenennung in Puerto del Rosario („Hafen des Rosenkranzes“) zu Ehren der Heiligen Jungfrau des Rosenkranzes, der Schutzheiligen der Stadt. Wenig begeistert waren die Bürger, als Mitte der Siebzigerjahre ein Großteil der spanischen Fremdenlegion hierher verlegt wurde (zeitweise über 3000 Mann). Die Kriminalität nahm dramatisch zu, und im Süden der Stadt entstand ein als *barrio chino* – „Chinatown“ – bekanntes Amüsierviertel, das heute jedoch nicht mehr existiert.

Der Schreibtisch des Dichters in der Casa Museu Unamuno

Unterdessen wurde die Legion wieder abgezogen, und reguläre Infanterie rückte in ihre Kaserne ein.

Seit den 1980er-Jahren wurden das Erscheinungsbild des Ortes verbessert, historische Gebäude restauriert, Parks und eine Hafenpromenade angelegt sowie interessante Skulpturen aufgestellt. Besonders das Zentrum mit dem Sitz der Inselverwaltung *(Cabildo Insular)*, der Kirche und dem Rathaus macht einen recht ansehnlichen Eindruck. Zu den Pluspunkten Puerto del Rosarios zählt ferner ein durchaus beachtenswertes Kulturangebot.

Ein Rundgang könnte so aussehen: Vom Parque Municipal nahe dem Busbahnhof gehen Sie die Hauptstraße León y Castillo abwärts. Erster Bau rechter Hand ist die Ringkampfarena. Auf deren Rückseite steht das Pfarrhaus, an dessen Front entlang Sie zur Parallelstraße gehen. Von hier aus weiter abwärts kommen Sie an der *Casa Museo Unamuno* vorbei. Links steht die Kirche. An der nächsten Ecke erheben sich rechts das Gebäude des *Cabildo Insular*, der Inselregierung, und links das Rathaus. Weiter abwärts gelangen Sie zur *Bar Tinguaro* und weiter zum Hafen mit Promenade. Gehen Sie von dort die León y Castillo wieder aufwärts und am Rathaus links, gelangen Sie in das Geschäftszentrum mit Banken, Läden und der Eisdiele *Kiss*.

SEHENSWERTES

CASA MUSEO UNAMUNO

In den Räumen des ehemaligen Hotels *Fuerteventura,* in dem der spanische Schriftsteller und Philosoph Miguel de Unamuno während seiner Verbannung 1924 wohnte, können die Besucher eine Reise in die Vergangenheit unternehmen. Vom Schreibtisch des Dichters bis zum Nachttopf ist noch alles wie in alten Tagen. Selbst die Küche blieb original erhalten. *Mo–Fr 9–14 Uhr | Eintritt frei | neben der Kirche*

PARQUE ESCULTÓRICO

Insider Tipp

Auch anderenorts auf der Insel wurde öffentlicher Raum in den letz-

> BLOGS & PODCASTS

Gute Tagebücher und Files im Internet

- > *www.fuerteventura-infos.de/fuerteventura-forum.htm* – das reichhaltigste deutsche Fuerteventura-Forum.
- > *www.isla-fuerteventura.de/fuerteventuraforum* – zahlreiche interessante Beiträge zu vielen Themen.
- > *http://fuerte.blogmoderatoren.de* – persönliche Erinnerungen eines Fuerteventura-Reisenden.
- > *www.bernds-welt.de/php/phpbb/index.php* – Reiseforum zu den Kanaren mit Einträgen zu Fuerteventura
- > *www.atlantis-radio.com* – Podcasts des deutschen Radiosenders von Fuerteventura und Lanzarote
- > *www.radiosintonia.com/radio-online.htm* – aktuelle Musik von der Insel, wechselndes Programm

Für den Inhalt der Blogs & Podcasts übernimmt die MARCO POLO Redaktion keine Verantwortung.

ten Jahren mit Skulpturen und Plastiken verschönt, aber nirgends gibt es so viele (über 100 mittlerweile) und so interessante zu entdecken wie in der Inselhauptstadt. Es handelt sich größtenteils um die Ergebnisse eines internationalen Bildhauersymposions, das seit 2001 jedes Jahr stattfindet. Die Werke verteilen sich über die ganze Stadt, die als ganze als Skulpturenpark *(Parque escultórico)* gilt – die meisten Arbeiten stehen aber an der Hafenpromenade. Eine weitere Gruppe findet sich am Strand, 100 m nördlich des Restaurants *El Cangrejo colorao*. Einen Überblick über alle Skulpturen mit Ortsangaben gibt die Internetseite *www.turismo-puertodelrosario.org/Default.aspx?Cultura=de-DE*.

ESSEN & TRINKEN

Für alle Lokale in Puerto del Rosario gilt: die Verständigung mit dem Servicepersonal ist meist nur auf Spanisch möglich!

CAFETERIA EL NAUFRAGIO

„Der Schiffbruch": Ein Großteil des Interieurs dieses Bar-Restaurantes stammt aus dem an der Westküste gestrandeten Luxusliner „American Star". *Mo geschl. | Avda. 1 de Mayo/ Ecke Jesús y Maria* | €

EL CONGREJO COLORAO

„Der bunte Krebs" ist etwas für Kenner – schon wegen seiner versteckten Lage. Man speist hier nicht nur preiswert und gut frischen Fisch und Meeresfrüchte, sondern genießt dabei auch Seeblick, am besten auf der überdachten Terrasse direkt am felsigen Meeresufer. Besonders zu empfehlen: das dreigängige Tagesmenü. *So abends geschl. | C. Juan Ramón Jiménez 2 (vom Hafen kommend nordwärts die Calle Almirante Lallemand entlang, jenseits der Tankstelle die nächste Straße rechts, Autofahrer biegen eine Straße weiter rechts ab, und fahren dann zurück) | Tel. 928 85 44 77* | €€

Sport- und Fischerboote dümpeln im Hafen von Puerto del Rosario

KISS

Die beste Eisdiele der Stadt und wohl auch der ganzen Insel ist erstes Ziel für Tagesbesucher. *Primero del Mayo/Ecke Maestro de Falla*

LA LASQUITA

Das beste Speiselokal der Stadt. Serviert werden in schönem kanarischem Ambiente mit moderner Kunst traditionelle Gerichte und guter Wein. *Mittags ab 13, abends ab 21 Uhr | So geschl. | C. Almirante Lallermand 66 | Tel. 928 85 91 26 | €€€*

TINGUARO

Durch die Glaswände der Terrassenbar schweift der Blick über Hafen und Meer. Außer Getränken werden auch kleine Gerichte serviert. *Plaza de España*

EINKAUFEN

LAS ROTONDAS

Zwischen erstem und zweitem Kreisel Richtung Süden unübersehbar ist dieses riesige Einkaufszentrum – ein Reiseziel für sich. Rund 100 Läden verteilen sich auf vier Etagen, eine

Tiefgarage schluckt die Kundenfahrzeuge. Statt Rolltreppen verbinden rollende Rampe die Etagen – bequem für Besucher mit Kinderwagen. Neben dem Üblichen (Kleidung, Sportartikel) finden sich Telefonläden, eine Buchhandlung und ein Padilla-Supermarkt.

ÜBERNACHTEN

In der Stadt selbst gibt es keine Urlaubsunterkünfte mit Sonnenterrassen, Animation und ähnlichen Annehmlichkeiten.

HOTEL FUERTEVENTURA PLAYA BLANCA

Der einstige Parador Nacional wurde im Stil einer nordafrikanischen Karawanserei gestaltet – mit Pool und Strandzugang. Zu dem Drei-Sterne-Haus mit 50 Zimmern gehört ein feines Restaurant, das einen Abstecher lohnt. *Tel. 928 85 11 50 | Fax 928 85 11 58 | www.cabildofuer.es/PARADOR* | €€–€€€

PALACIO PUERTO ROSARIO

Einziges Komforthotel in zentraler Lage, die meisten der 88 Zimmer mit Hafenblick. *Avda. Marítima 9 | Tel. 928 85 94 64 | Fax 928 85 22 60 | www.jmhoteles.com* | €€

ROQUEMAR

Am großen Kreisel unterhalb der León y Castillo liegt dieses 16-Zimmer-Hotel – mit Hafenblick, allerdings nicht eben leise. Wer dem Insidertipp für Samstagnacht *(siehe re. oben)* folgt, wird hier trotzdem gut nächtigen, denn am Sonntagmorgen schläft auch der Autoverkehr. *Avda. Marítima 1 | Tel./Fax 928 53 36 46 | hotelroquemar@hotmail.com* | €

AM ABEND

Wer unternehmungslustig ist und etwas Spanisch spricht, sollte sich für eine Samstagnacht mal vom Cluburlaub loseisen, denn so schöne Kneipen und solches Latino-Tanzvergnügen wie hier gibt's sonst nirgends auf der Insel. Bars und Diskos öffnen allerdings häufig erst um 23 Uhr. Dabei ist lässig-elegante Kleidung angesagt, also keine Sandalen, Turnschuhe, Baseballkappen oder T-Shirts. Zudem bietet Puerto Rosario einiges an „gehobener" Kultur, z. B. Aufführungen und Kunstausstellungen in der *Casa de la Cultura (C. Ramiro de Maeztu 2)*. Entsprechende Veranstaltungen werden in der Stadt auf Spanisch plakatiert.

Insider Tipp

CALLE 54 ▶▶

Die schönste Kneipe der Stadt: groß, mit einem nicht so lauten Innenhof in kanarischem Ambiente, dazu moderne Kunst. Eine der führenden Adressen für Samstagnachts. *Nordende der C. Secundino Alonso | gegenüber der Sporthalle*

MAMA RUMBA ▶▶

Insider Tipp

Dieses schönste lateinamerikanische Tanzlokal der Insel glänzt mit einer wunderbaren, unkomplizierten Atmosphäre, in der sich Gäste jedes Alters und auch Nichttänzer wohlfühlen. Eine der führenden Adressen für Samstagnachts. *C. San Roque 17 (nahe Cabildo Insular)*

TEMPLO ▶▶

Beliebte Diskothek, in der die Jugend gern ihre samstagnächtliche Kneipentour beschließt . *C. Teniente Durán 16*

AUSKUNFT

PATRONATO DE TURISMO

Avda. Marítima | gegenüber der Hafenzufahrt | Tel. 928 53 08 44 | Fax 928 85 16 95

ZIELE IN DER UMGEBUNG

CASILLAS DEL ÁNGEL [120 B2]

Die weiße *Kirche Santa Ana* (spätes 18. Jh.), deren Eingangsfront aus schwarzem Lavagestein besteht, wird von einem durchbrochenen Giebel gekrönt, der als Glockenturm fungiert. Der ornamentbeladene Altar zählt zu den künstlerisch bedeutendsten der Insel. Ein Ölbild stellt das Jüngste Gericht dar. Schöne Kassettendecke im Mudéjarstil *(Schlüssel zur Kirche im Haus Nr. 20 A gegenüber vom Portal)*.

Noch vor der östlichen Ortseinfahrt liegt linker Hand *Los Rugama*, einer jener neuen Landgasthöfe in alten Gemäuern, die mit ihrer speziellen Atmosphäre gefallen. Hier speist die Inselprominenz, sei es im etwas ungemütlich beleuchteten Innern, sei es auf der der Landstraße abgewandten und daher ruhig gelegenen Terrasse. Interessante Karte mit Kaninchen, Taube und Ziegenkäsekuchen als Dessert *(Tel. 928 53 82 24 | €€€)*.

Kirche von Puerto del Rosario

TETIR [120 C2]

Von Puerto del Rosario aus kommt man auf der alten Hauptstraße Richtung Corralejo zunächst an dem alten Inselflughafen *Los Estancos* vorbei, dessen Rollfeld quer über die Straße führte und die deshalb bei jedem Start und jeder Landung gesperrt werden musste. Auf der linken Seite sind noch zwei Flughafengebäude erhalten. Das Kirchdorf *Tetir*, einst Muttergemeinde von Puerto del Rosario, ist Mittelpunkt eines fruchtbaren Tales. Auf dem Platz vor der Kirche erinnert ein Standbild an den Gründer der Banco de Canarias, einen Sohn des Ortes. Lohnend ist ein Abstecher auf den 511 m hohen Berg *Temejereque* [120 C1] nördlich von Tetir. Von der dortigen Sendestation genießt man bei klarer Sicht einen hervorragenden Blick über weite Teile der Insel. Die Zufahrtstraße zweigt ca. 1,5 km nordwestlich von Tetir ab (dem Schild „Tamariche" folgen, dann geradeaus).

Insider Tipp

> FISCHERDÖRFER, PALMENOASEN

Die historische Mitte der Insel mit ihren alten Landstädtchen liefert schöne Ausflugsziele

> Hier begegnet man Fuerteventura zum ersten Mal, denn hier liegt der Flughafen. Der erste Eindruck ist ernüchternd: Zunächst sieht man wenig mehr als graugelbe Monotonie, in der streckenweise klobige Gewerbebauten herumstehen.
Die meisten Gäste entschwinden denn auch sogleich nach Norden oder Richtung Jandía nach Süden. Aber alle werden der Region später einen Besuch abstatten, denn hier liegen vier der fünf historisch bedeutsamen Hauptorte: Von Antigua, Betancuria, Pájara und Tuineje aus werden die gleichnamigen Gemeinden regiert. Zentrum des Fremdenverkehrs ist Caleta de Fuste nahe dem Flughafen. An den Buchten der Südküste reihen sich Fischerdörfer und das freundliche Gran Tarajal, die zweitgrößte Stadt der Insel.

Der Naturraum gliedert sich in ein weites, muldenförmiges Längstal und ein westlich davon bis 722 m aufra-

Bild: Vega de las Palmas

DIE MITTE

gendes Bergland mit tief eingeschnittenen Tälern und schönen Palmenoasen. Hier wird noch etwas Landwirtschaft betrieben. Wichtigste Produkte sind Tomaten und Aloe vera.

ANTIGUA

[119 E–F4] La Antigua begrüßt von Norden Kommende noch vor dem Ort mit der Windmühle des Ausstellungszentrums Molino de Antigua. Der Ort liegt inmitten eines weiten Tales. Seit dem ausgehenden 15. Jh. ließen sich hier andalusische und normannische Siedler nieder, die den fruchtbaren roten Lössboden kultivierten und im 18. Jh. La Antigua gründeten. Im 19. Jh. war das Kirchdorf sogar für zwei Jahre Sitz der Inselverwaltung.

La Antigua ist heute Zentrum der gleichnamigen Landgemeinde, die mit der Feriensiedlung Caleta de Fustes auch vom Tourismus profitiert

– ein Teil der Einnahmen floss in das große Sportzentrum (mit Ringkampfarena) im Südosten des Ortes.

SEHENSWERTES

KIRCHE

Die weiße Pfarrkirche, die der Jungfrau von Antigua geweiht ist, beherrscht das Zentrum des Gemeinwesens. Der einschiffige, große Bau mit Glockenturm wurde 1785 vollendet. Sehenswert sind die Mudéjar-Decke des Chors und der ockerfarbene klassizistische Altar. Auf dem Vorplatz blühen Pflanzen in fast subtropischer Üppigkeit. *Tagsüber meist geöffnet*

MOLINO DE ANTIGUA

Die „Mühle von Antigua" ist Blickfang und Namensgeber einer 1998 fertig gestellten Anlage, zu der Ausstellungsräume, ein gut sortierter Kunsthandwerksladen, ein Restaurant *(€)*, eine Galerie, ein schöner Kaktusgarten, eine Cafeteria und eine archäologische Sammlung zur Lavahöhle von Villaverde gehören. Auch das Innenleben der Mühle ist zu besichtigen. *An der FV 20 nördlich der Stadt | Di–Sa 10–18 Uhr | Eintritt 1,80 Euro (Laden und Werkstätten häufig geschl., Laden wird auf Wunsch geöffnet)*

Hübsch restauriertes Kleinod in gepflegter Gartenanlage: Molino de Antigua

ÜBERNACHTEN

LA ERA DEL CORTE

Das Hotel mit seinem exquisiten kanarischen Ambiente war ein Pionier in Sachen ländlicher Tourismus. Es gibt nur elf Zimmer in einem umgebauten alten Herrenhaus, ideal für Gäste, die Ruhe suchen und Strandtrubel verabscheuen. Abseits gelegen, daher nur sinnvoll in Verbindung mit einem Leihwagen. Es gibt einen Tennisplatz, einen kleinen Pool und einen schönen Innenhof. *C. La Corte 1 (südl. der Stadt) | Tel. 928 878705 | Fax 928878710 | €€*

ZIELE IN DER UMGEBUNG

ALOE-VERA-PLANTAGE „SAVIMAX“ [119 F5]

Hier können Sie die seit alters beliebte Heilpflanze aus der Nähe sehen und die daraus gewonnenen Produkte ab Fabrik kaufen. *Westlich der FV 50 am Kreisverkehr bei km 5 | Zufahrt zur Fabrik Richtung Valles de Ortega bis Abzweig links zurück*

POZO NEGRO UND ALTKANARISCHES RUINENFELD VON ATALAYITA

Wer von der FV 2 auf die Stichstraße nach Pozo Negro einbiegt, gelangt nach 3 km an eine rechts abzweigende, neue Piste. Sie führt quer durch den schwarzen Lavastrom, der die Straße bis zur Küste begleitet, zur bedeutendsten Ruinenstätte aus altkanarischer, also vorspanischer Zeit [125 E–F1]. Ausgrabungen haben links vom Ende der Piste eine große Zahl igluartiger, meist kleiner, unscheinbarer, aus Lavabrocken geschichteter Bauten zu Tage gefördert; manche wurden restauriert. Es handelt sich um eine Hirtensiedlung, wobei ein Teil der Lavaiglus wohl nicht als Wohn-, sondern als Vorratsraum und zum Trocknen von Fleisch gedient haben könnte. Vom 15. Jh. an kamen im Grundriss rechteckige, größere Bauten und Viehpferche hinzu. Ein kleiner Museumsbau gegenüber dem Eingang informiert über die Ausgrabungen (Prospekt auch auf Deutsch). Der Lavastrom, auf dem die Ziegen der Altkanarier ausreichend Futter fanden, entstand als Ausfluss des Lavafeldes Malpaís Grande bei einer der jüngsten Vulkanismusphasen vor etwa zehntausend Jahren. Vom Gipfel des östlich der Iglusiedlung aufragenden Hügels überblicken Sie das gesamte Terrain.

Das Fischerdörfchen *Pozo Negro* („Schwarzer Brunnen“) [125 F1–2] besteht aus kaum mehr als zwei Häuserzeilen an einer Bucht mit einem Strand aus schwarzen Kieseln und dunklem Sand. Zwei nette Bar-Restaurantes mit Meerblick servieren frischen Fisch *(€)*.

MARCO POLO HIGHLIGHTS

★ Pfarrkirche von Pájara
Dorfkirche mit dem berühmten Barockportal (Seite 64)

★ Barranco de las Peñitas
Am Stausee entlang hinab in eine einsame Felsschlucht (Seite 59)

★ Betancuria
Kirche, Kloster, Kunsthandwerk – in dem alten Bergort lebt Fuerteventuras Geschichte fort (Seite 56)

★ Oasis Park
Abseits vom Strand in Zoo und Kaktusgarten einen abwechslungsreichen Tag verbringen (Seite 66)

BETANCURIA

★ [119 E4] **Dies ist der geschichtsträchtigste Ort der Insel. Gegründet wurde er 1405 von dem Normannen Jean de Béthencourt, der die Insel für die kastilische Krone erobert hatte und der neuen Siedlung seinen Namen gab.** Hier, in einem fruchtbaren, von hohen Bergen geschützten Tal, fand er die geeignete Stelle für eine Residenz. Er selbst freilich reiste bald weiter; und auch ein Bischof hat hier nie gewohnt, obwohl der Ort den Status einer Bischofsstadt besaß. Das nur über kurvenreiche Bergstraßen erreichbare Städtchen mit seinen knapp 600 Einwohnern erfreut mit einem schönen Ortsbild und restaurierten alten Herrenhäusern. Das Leben ist allerdings stark vom Tourismus geprägt. *Parkplatz am südlichen Ortseingang, von dort Fußpfad Richtung Kirche*

>LOW BUDGET

> Bei einer Inselrundfahrt bietet sich die in Ajuy am Hang gelegene *Casa Pepín* für ein preisgünstiges Mittagessen an. Das Tagesmenü sättigt hier für unter 9 Euro – samt Meerblick. *Ajuy | an der Hauptstraße*

> Nur zwei Beispiele für mehrere Speiselokale im Zentrum von Tarajalejo, die so untouristisch wie billig sind: das *Drago* neben dem Supermarkt Padilla und für Pizzafans das *Mamma mia (C. Isidro Díaz | gegenüber vom La Baraca).*

Insider Tipp

> Der große Supermarkt *Padilla Eurospar* im CC Atlántico ist der beliebteste von Caleta de Fuste – wegen der niedrigen Preise und des großen Sortiments. Hier gibt's nicht nur Nahrungsmittel.

SEHENSWERTES

CASA SANTA MARÍA

Hinter dem gleichnamigen Restaurant werden die Künste des Stickens, Webens, Flechtens und Töpferns vorgeführt. Sehr schön sind auch der Garten und die Multivisionsschau. Im Vorraum ist bäuerliches Gerät ausgestellt. *Mo–Sa 11–16 Uhr | Eintritt 5 Euro*

Insider Tipp

CONVENTO DE SAN BUENAVENTURA

Im Tal vor dem nördlichen Ortseingang steht die imposante Ruine der Kirche eines im 17. Jh. errichteten Franziskanerklosters. Seit der 1836 angeordneten Säkularisierung der spanischen Klöster nutzten die Einwohner die Anlage als Steinbruch; daher fehlt z. B. der Kreuzgang. Gegenüber der Kirche steht eine Kapelle. Sie wurde vor eine Grotte im Hang gebaut, in der im 15. Jh. San Diego, ein wundertätiger Missionar, gelebt haben soll.

KIRCHE

Die heutige, über dem Talgrund aufragende *Iglesia de Santa María* entstand um 1620 als Ersatz für die erste Kathedrale, die gleich nach der Ortsgründung errichtet und 1593 von Piraten zerstört worden war. Der dreischiffige Hallenbau im inseltypischen Mudéjar-Stil (mit Holzdecke) birgt mehrere Altäre, darunter als schönsten den barocken Hauptaltar (1684). In der rechten Nische des linken Altars an der Nordwand (gegenüber vom Eingang) steht ein holzgeschnitztes Bildnis der Santa Catalina. Es gilt als eines der ältesten auf der Insel erhaltenen Kunstwerke. Sehenswert ist auch die Sakristei mit ihrer aufwendig geschnitzten und bemalten Holzdecke *(Zugang links vom Altarraum). Mo–Fr 11–16, Sa 11–15 Uhr jeweils zur vollen Stunde für ca. 25 Min. (im Wechsel mit dem Museo de Arte Sacro) | Eintritt 1,50 Euro (inkl. Museum)*

MUSEO ARQUEOLÓGICO

Das an der Durchgangsstraße gelegene Haus wird von jenen zwei Kanonen bewacht, die 1740 bei der siegreichen „Schlacht von Tamacite" gegen englische Piraten erbeutet wurden. Drinnen informiert eine neu gestaltete und erweiterte Sammlung archäologischer Funde über die Ureinwohner der Insel. *Mo–Sa 10–18 Uhr | an der Hauptstraße*

MUSEO DE ARTE SACRO

Nahe der Kirche befindet sich im alten Pfarrhaus eine kleine Sammlung religiöser Kunst- und Kultgegenstände. *Jeweils zur halben Stunde nach der Kirche | Eintritt 1,50 Euro (inkl. Kirche)*

ESSEN & TRINKEN

Für einen kräftigen Imbiss bieten sich *Princess Arminda* mit einem Patio *(oberhalb des Kirchplatzes)* sowie die *Cafeteria der Casa Santa María* an, die auf der Terrasse südlich unterhalb Getränke, Kuchen und Tapas serviert *(beide €)*.

CASA SANTA MARÍA

Die Casa Santa Maria, mehrfach preisgekrönt, ist das stilvollste Restaurant der Insel, ohne dabei übertrieben vornehm zu sein. Vor allem die

600-jährige Geschichte: Betancuria

zwei Innenhöfe sind eine wahre Wonne. Die Küche serviert gehobene kanarische Gerichte. *Di–So 11.30–18 Uhr, Abendessen ab 19 Uhr nur bei Reservierung | am Kirchplatz | Tel. 928 87 82 82 | €€€*

schöner Blick auf die alte Hauptstadt, vor allem aber in die Weite des Inselnordens. Noch besser ist der Blick vom oberhalb gelegenen *Mirador Morro Velosa (mit Tagungsstätte und Café | Di–Sa 10–18 Uhr)*.

Ziel jeder Wanderung durch den Barranco de las Peñitas ist die Ermita de la Peña

EINKAUFEN

In mehreren Läden nahe der Kirche, besonders an der Casa Santa María wird das beste und vielseitigste Kunsthandwerkssortiment der Insel geboten. Auch Kaktusmarmelade, Fertig-Mojo u. a. sind zu haben.

ZIELE IN DER UMGEBUNG

TEGÚ, MIRADOR MORRO VELOSA [119 E3]

Von der Passhöhe nördlich der Stadt aus (Haltemöglichkeit) bietet sich ein

VEGA DE RÍO DE LAS PALMAS, STAUSEE UND BARRANCO DE LAS PEÑITAS [118–119 C–D 4]

Etwa 6 km südlich von Betancuria gelangt man zu der wohl schönsten Palmenoase der Insel. Die bäuerliche Siedlung wird auch kurz Vega de Río Palma genannt. Heute werden auf den kleinen Äckern nur noch Kartoffeln und etwas Gemüse angebaut. Die Dorfkirche linker Hand (17. Jh.; *Di–So 10.30–13, 16–18.30 Uhr*) birgt das größte Heiligtum der Insel: eine 23 cm kleine Alabasterfigur der Maria mit dem Kinde, der „Virgen de la Peña", die als älteste Marienfigur auf der Insel wahrscheinlich von dem Eroberer Béthencourt Anfang des 15. Jhs. aus Frankreich mitgebracht wurde. Als Schutzheilige der Insel ist die Jungfrau im September Ziel der größten Inselwallfahrt. Am Kirchplatz bietet das deutsch geführte Restaurant *Don Antonio* mit seinem schönen Innenhof Stärkung für Leib und Seele *(So, Mi/ Do 11–17, Fr/Sa 11–22 Uhr | Tel. 928 87 87 57 | €€€)*.

Vom Südende der Oase aus führt eine der schönsten Wanderungen, die die Insel bietet, zur Felsschlucht des ★ *Barranco de las Peñitas*. Man fährt dazu noch ein Stückchen Richtung Pájara, biegt dann von der ansteigenden Hauptstraße nach rechts ins Tal (Wegweiser „Vega de Río Palma") ab und parkt den Wagen nach 1,3 km, wo die Straße das Bachbett ein zweites Mal überquert. Von dort aus geht es zu Fuß im meist ausgetrockneten Bett weiter talab Richtung Stausee. Nach ca. 15 Min., etwa wo der Tamariskenwald beginnt, verlässt man das Bachbett nach rechts (noch etwas jenseits einer markanten, ebenfalls rechts abzweigenden Piste). Erst oberhalb des Waldes, dann am zugeschwemmten Stausee *Embalse de las Peñitas* entlang, erreichen Sie nach weiteren 10–15 Minuten die Staumauer. Auf der anderen Seite der Mauer senkt sich nun ein Pfad in zwei Kehren in die wildromantische Felsschlucht des Barranco de las Peñitas hinab. Wenige Minuten noch, und Sie erreichen die weiß getünchte Kapelle *Ermita de la Peña,* einen kühlen, stillen Ort der Rast. Zuweilen, wenn der Wind über die Felsen streicht, ertönt hier ein unheimliches Klagen, wie wenn ein Geisterchor intonierte. Auf demselben Weg geht's zurück. Für die Wanderung braucht man mit einer kleinen Rast knapp 90 Min. Sie erfordert stellenweise aber Trittsicherheit. Nehmen Sie sich Wasser mit!

ZIEGENFARM [119 D3–4]
Vom Parkplatz der „Finca de Pepe" geht's durch den Stall zur Käserei (mit Vorführung und Verkauf). *Von der FV 30 gegenüber der Klosterruine 1,6 km bergauf*

CALETA DE FUSTES

[121 D5] **An einer sich nach Süden öffnenden Bucht an der Ostküste, nur rund 7 km südlich des Flughafens, ist seit 1980 ein Ferienzentrum entstanden.** Es ist heute stark britisch geprägt. In Prospekten, auf Karten und Schildern wird der Ort auch Costa Caleta, Playa de Castillo, Castillo de Fuste oder El Castillo genannt. Das „Castillo" verweist auf das *Castillo de Fustes*, einen runden Turm aus Naturstein, der um 1740 erbaut wurde und der Abwehr von Seeräubern diente. Heute ist er in das Bungalowhotel *El Castillo* integriert. Ein historischer Ortskern fehlt, doch bieten einige moderne Einkaufszentren mit Speiselokalen und Bars Ersatz, außerdem liegt die Inselhauptstadt in der Nähe (stdl. Busverbindung).

Obwohl Caleta de Fustes nähere Umgebung landschaftlich reizlos ist, expandiert der Ort kräftig: im Süden rund um den Golfplatz und seeseitig ums CC Atlántico mit Großhotels, die den Blick aufs Meer verstellen.

ESSEN & TRINKEN

Im strandnah gelegenen Einkaufszentrum *El Castillo* (beliebter Italiener *La Bodeguita*), ferner im *Castillo Centro*, im *Happy Center* und andernorts findet sich ein buntes, internationales Gaststättenangebot. Den schönsten Platz für einen Imbiss oder einen Kaffee an frischer Luft bieten *El Camarote* und das benachbarte Café *Panycreps* im Hafengebäude.

LA BARCA DEL PESCADOR

Das beste Lokal am Ort: Hummer und Austern frisch aus dem Bassin, hausgemachte Desserts, gute Paella. *Im Keller des Hotels Castillo Suites (Zugang von außen seeseitig) | tgl. 13–23 Uhr | Tel. 928 16 35 00 |* €€€

FRASQUITA

Fischlokal mit Meerblick, in dem der Wirt das Angebot des Tages auf einer Platte in natura präsentiert. Dazu wird die beste *mojo verde* der Insel gereicht. *Mo geschl. | am Westende des Strandes | Tel. 928 16 36 57 |* €€

TAPAS

Das „spanischste" Lokal am Ort, untouristisch und eben drum ein Ziel für die Kenner. Die Tapas sind nicht billig, aber man kann teilen. *C. Alcalde Francisco B. Jordan (nahe der Landstraße) | Tel 928 16 31 99 |* €€

EINKAUFEN

Großes, internationales Sortiment in den Einkaufszentren. Samstags ist Markttag: Schnitzereien, Kleidung, Schmuck und vieles mehr *(9–14 Uhr | im Norden nahe der Landstraße)*. Der beliebteste Supermarkt ist der *Padilla* im *CC Atlántico*.

ÜBERNACHTEN

BARCELÓ CLUB EL CASTILLO

Die weitläufige Anlage besteht aus 390 Apartments und Bungalows – alle mit Balkon oder Terrasse – und liegt unmittelbar am Strand, besitzt eine große Poollandschaft mit Meerwasser, die um den malerischen alten Festungsturm gruppiert ist, Süßwasserbecken (im Winter beheizt), eine Plaza mit Gaststätten, Geschäften, Bars, Cafés, einen Yachthafen, Tennisplätze und Animation. *Tel. 928 16 31 01 | Fax 928 16 30 42 | www.barcelo.com |* €€

BARCELÓ FUERTEVENTURA

Karibikflair und Meerblick aus 462 Zimmern, direkter Strandzugang, riesige Pools (einer beheizbar), Minigolf, Tennis, Sauna, Animation für Groß und Klein und allerlei Finessen mehr. *Tel. 928 54 75 17 | Fax 928 54 75 25 | www.barcelo.com |* €€

ELBA PALACE GOLF

Die 61 teuersten Zimmer der Insel; edelstes kanarisches Ambiente. Im Hotel befindet sich der Zugang zum Golfplatz. *Am Westende des Golfplatzes südlich des Ortes | Tel. 928 16 39 22 | Fax 928 16 39 23 | www.hoteleselba.com |* €€€

FREIZEIT & SPORT

Die Bucht ist ideal für Windsurf-Anfänger. Das *Fanatic Fun Center* bietet Kurse *(am Westende des Strandes)*. Entdeckernaturen gehen zum Hafen: Wer dort einen Bootstörn

Ferienzentrum an der Ostküste: Caleta de Fustes

bucht – mit einem Katamaran oder mit dem Halb-U-Boot – kann vorher oder nachher im *Oceanarium* die Meeresfauna nicht nur betrachten, sondern auch anfassen *(ab 20 Euro)*. Zudem gibt es am Hafen eine Tauchschule und daneben eine Jetski-Station. *Backtrax* organisiert Quadtouren *(im Keller des Hotels Castillo de Antigua)*. Der Knaller für Paare wird im Büro nebenan angeboten: Trikeausflüge mit Chauffeur *(Cool Runnings | ab 40 Euro)*!

Der flache Strand ist besonders für Kinder und Schwimmanfänger geeignet. Kein FKK.

Gesundheitspflege nach allen Regeln der Kunst (Meerwassermassage, Schlammpackungen) bietet das *Balnearia Thalasso* am Westende des Strandes.

GOLF CLUB FUERTEVENTURA

Der erste 18-Loch-Platz der Insel, sogar mit echtem Rasen. Daneben eröffnete 2007 ein zweiter. *An der Landstraße südlich des Ortes | Zugang durch das Hotel Elba Palace Golf | Tel. 928 16 00 34*

AM ABEND

Das Nachtleben, stark britisch geprägt, konzentriert sich auf die CC El Castillo und Castillo Centro. Am Spielplatz nördlich vom Castillo Centro liegt die beliebte *Havana-Bar*. In der Latinobar *Macumba* gibt es auch eine Tanzfläche (im Keller von *Castillo Suites*).

AUSKUNFT

OFICINA DE TURISMO

Westlich vom CC Centro Castillo | Tel. 928 16 32 86

ZIELE IN DER UMGEBUNG

SALINAS DEL CARMEN UND PUERTO DE LA TORRE [120 C6]

3 km südlich von Caleta de Fustes gelangen Sie linksab zu den Salzgärten *Salinas del Carmen*. Sie sind das Kernstück des *Salzmuseums*; von der

Landstraße fährt man gerade auf den Eingang mit dem Besucherzentrum zu. Blickfang am Wasser ist ein Walfischskelett *(Di–Sa 10–18 Uhr | Eintritt 5 Euro)*. Unten im Dörfchen hat sich *Los Caracolitos* einen Namen als bestes Fischlokal der Gegend gemacht. *(So geschl. | Tel. 928 17 42 42 | €)*. 1,5 km weiter südlich liegt das tief eingeschnittene, palmenbestandene Tal des *Barranco de la Torre* mit der Ruine einer alten Kalkbrennerei.

GRAN TARAJAL

[124 C3–4] Eigentlich zeichnet sich das kleine, Insider Tipp **verschlafene Hafenstädtchen (10 000 Ew.), dessen Name „Große Tamariske" bedeutet, durch nichts Besonderes aus.** Wenn Sie aber einmal dagewesen sind, werden auch Sie vielleicht zu denen gehören, die immer wiederkommen. Vor der Ortseinfahrt passieren Sie einen großen, lichten Palmenhain, dann parken Sie den Wagen im Zentrum, lauschen für ein Weilchen dem Geplätscher des Brunnens auf dem schattigen Hauptplatz, flanieren ein paar Schritte auf der großzügigen Strandpromenade und rasten schließlich in einem der Lokale. Sie blicken über den schwarzen Sandstrand auf das glitzernde Meer, beobachten das Treiben am Strand und fühlen sich unendlich wohl …

EINKAUFEN

QUESERÍA MAXORATA

Bei Kilometer 39,7 an der Straße nach Tuineje – nördlich der großen Landstraßenkreuzung rechter Hand – kann man direkt von der Inselmolkerei Ziegenkäse in vier Reifestufen erstehen (nur ganze, doch kleine Laibe). *Mo–Sa 9–16 Uhr*

ZIELE IN DER UMGEBUNG

LAS PLAYITAS [125 D3]

4 km östlich von Gran Tarajal liegt der kleine Fischerort *Las Playitas* in

In Las Playitas hat neben dem Tourismus auch die Fischerei noch ihren Platz

malerischer Lage an einem Hügel überm Meer. Schon der Name, „die Strändchen“, deutet darauf hin, dass alles hier etwas kleiner ausfällt. Besonders schön ist es nachmittags an der Mole, wenn die Fischer ihren Fang anlanden. Gespeist wird ebenda im *La Rampa de Tío Enrique,* das unter neuer Bewirtung wieder attraktive Gerichte und gute spanische Tropfen auf den Tisch bringt *(Di geschl. | €€).*

Bevor man den Ort erreicht, passiert man die Hotel- und Apartmentanlage *Playitas Grand Resort,* die die ganze Breite des Tals und Strandes einnimmt. Die 433 Zimmer bzw. Apartments verteilen sich auf mehrere Komplexe. *(Tel. 928 86 04 00 | Fax 928 86 04 01 | www.playitas.net | €€–€€€).* Der zugehörige Golfplatz wurde erst teilweise fertig gestellt. Im Hotelgarten beim *Social Club* residieren die *Cat Company* für Windsurfen, Katamaransegeln und Kajakverleih *(Tel. 695 20 55 25 | www.catamaran-segeln.de),* die Tauchschule *Deep Blue (http://deep-blue-diving.com)* und *Venturabike,* ein Anbieter von Radtouren in kleinen Gruppen *(Tel. 626 13 19 24).*

PUNTA DE LA ENTALLADA [125 E4]

Kurz vor Las Playitas zweigt nach Osten eine Asphaltstraße ab. Sie führt zum Südostkap von Fuerteventura, der *Punta de la Entallada,* auf deren höchstem Punkt ein fotogener Leuchtturm steht

Dekorativ: der Leuchtturm an der Punta de la Entallada

PÁJARA

[118 C5] **Der recht gepflegt wirkende Weiler liegt in einem tiefen Tal. Die umgebenden, bis 600 m hoch aufragenden Berge halten die ausdörrenden Winde ab, und Schatten spendendes Grün erfreut das Auge.** Der gesamte Südwesten der Insel wird von Pájara aus verwaltet, und man spürt den Wohlstand, den der Tourismus dieser Region gebracht hat. Er zeigt sich u. a. in dem modernen Rathaus und in der Existenz eines öffentlichen Freibades.

Noch heute künden die kleinen Terrassenfelder an den umliegenden Hängen davon, dass hier früher intensiv Ackerbau betrieben wurde. Der Lössboden war fruchtbar, und die von einigen Grundeigentümern beherrschte Gemeinde wuchs und erarbeitete ihren weltlichen und kirchlichen Herren einen gewissen Reichtum. Als größtes Erbe jener Zeit blieb die Pfarrkirche erhalten. *Parkplatz im Barranco unterhalb von Kirche und Rathaus | Zufahrt von der Straße Richtung Betancuria aus*

SEHENSWERTES

PFARRKIRCHE ★

Das Hauptschiff der *Iglesia Nuestra Señora de Regla* wurde vom 17. bis Anfang des 18. Jhs. errichtet. Bekannt geworden ist die Kirche durch das schöne Portal im Stil des mexikanischen Barock mit aztekischen Elementen. Neben geometrischen Sonnenmustern erkennt man darauf Schlangen, Panther, Vögel. Lange wurde gerätselt, ob und wie ein solches steinernes Tor aus dem fernen Mexiko in dieses zu jener Zeit weltabgeschiedene Dorf gelangt sein könnte. Heute weiß man, dass der unbekannte Steinmetz seine Motive aus einem italienischen Vorlagenbuch übernommen hat und weder die Steine noch gar das ganze Portal aus Mexiko stammen. Das dunkle Innere der zweischiffigen Hallenkirche ist mit einer schönen Holzdecke im Mudéjar-Stil versehen, der im Spanien des 14./15. Jhs. aus der Verschmelzung maurischer und gotischer Formen entstand und auf der Insel noch lange gepflegt wurde. Die schönen Barockaltäre wurden 1785 fertig gestellt. Scheint nachmittags die Sonne, wirken sie wie von Scheinwerfern angestrahlt – dank hoch oben eingebauter, vom Kirchenraum aus nicht sichtbarer kleiner Fenster. Ein Automat rechts hinterm Eingang lässt für 1 Euro auch echte Scheinwerfer leuchten. *Tgl. 10–14.30, So bis 16.30 Uhr*

ESSEN & TRINKEN

CASA ISAÍTAS

Insider Tip

Aus der Ruine eines 200 Jahre alten Herrenhauses wurde ein Schmuckstück: ein Vier-Zimmer-Gasthof *(€€€)* mit zwei Innenhöfen und einem stimmungsvollen Restaurant, das vor allem mit seiner Auswahl an Tapas glänzt. *Mo–Do abends geschl., im Aug. auch Do mittags geschl. | gegenüber vom Parkplatz unterhalb der Kirche | Tel. 928 16 14 02 | Fax 928 16 14 82 | www.casaisaitas.com |* €€

LA FONDA

Dieses schöne und beliebte Lokal liegt der Kirche gleich gegenüber. Es zählt zu den wenigen, die Kaninchen servieren. Auch Zicklein steht auf der Karte. *Sa geschl.* | €

ZIEL IN DER UMGEBUNG

AJUY/PUERTO DE LA PEÑA [118 C4]

Das Fischerdorf mit den zwei Namen ist ein beliebtes Ausflugsziel. Erst seit 1986 gibt es hier Strom und Wasser. Wer leibliche Stärkung sucht, wird meist *Jaula de Oro (€€)*, den „Goldkäfig", ansteuern. Dessen erstklassige Lage direkt am Strand schlägt sich jedoch auch in den Preisen und im Service nieder. Als preisgünstige Alternative bietet die *Casa Pepin (€)* weiter oben am Hang ebenfalls Meerblick von der Terrasse aus.

Puerto de la Peña ist Ausgangspunkt zweier kleiner Wanderungen. Über den vom Nordende des Strandes auf die Felsen führenden Fußweg gelangt man über ein fast weißes Felsplateau mit seltsamen Auswaschungen zur Bucht *Caleta Negra* mit gewaltigen, vom Meer herausgespülten Höhlen. Gehen Sie über das Felsplateau nach Norden an früheren Kalköfen (zwei Schlünden unterhalb) vorbei und folgen Sie dem wasserseitigen Pfad bis zu steil abwärts führenden Stufen. Ein hoher Betonpfeiler wird sichtbar, der zu alten Hafenanlagen gehörte. Am Fuße des Pfeilers befinden Sie sich bereits am Eingang der größeren von zwei Höhlen. Die zweite liegt gleich daneben.

Ein zweites Ziel ist das eindrucksvolle Felstor, das sich an der Mündung des nördlich von Ajuy liegenden *Barranco de la Peña* erhebt. Man erreicht es, indem man an der höchsten Stelle des zu den Höhlen führenden Pfades aufwärts abzweigt, zunächst oberhalb der Caleta Negra weitergeht, dann landeinwärts bis zur nächsten Fahrspur läuft und dieser nordwärts bis in den Barranco folgt (dann links). Vor dem Felstor liegt ein natürliches Schwimmbecken, in dem man sich abkühlen kann.

TARAJALEJO

[124 A4] **An einem lang gestreckten, dunklen Kiesstrand an der Südküste ist neben einem kleinen, schmucklosen Fischerort eine einfache Feriensiedlung entstanden.** Mittlerweile ist direkt am Strand eine große Hotelanlage mit diversen Sportangeboten dazu gekommen.

ESSEN & TRINKEN

LA BARACA

Speisen auf einer Terrasse direkt am Strand, dazu billig, wenn auch schlicht. Guter Kaffee. *So geschl. | C. Isidro Díaz | Tel. 928 16 10 89 | €*

Grünes Fleckchen in der „Mondlandschaft" – Palmenoase bei Ajuy

TARAJALEJO

ÜBERNACHTEN

TOFIO BAHÍA PLAYA

Das einzige große Ferienhotel des Ortes wurde 2007 fertig gestellt. Es liegt direkt am Strand. Von den 172 Zimmern sind 95 Juniorsuiten. Drei Pools, Animation. *Tel. 928 16 10 01 | Fax 928 16 10 28 | www.r2hotels.com | €€*

FREIZEIT & SPORT

Am *Tofio Bahía Playa* gibt es eine Tauch- und eine Segelstation; der Reitstall *Brasero* an der Landstraße gehört zum Hotel, kann aber auch von anderen genutzt werden. *CRC Bikes* vermietet Motorräder und vermittelt Quadtouren. *C. La Marisma | Tel. 928 16 13 72*

AM ABEND

HARD ROCK CAFÉ ▶▶

Freitagabends ist Rockertreff, sonst herrscht normaler Kneipen- und Restaurantbetrieb. Die gute Küche *(Mo-Fr mittags und abends, So nur abends)* ist ein echter Grund, hier Station zu machen. *Sa geschl. | 3 km nördlich der Stadt an der FV 2*

VINOTECA LA MALVASÍA

Die einzige Weinstube der Insel bietet Verkostung kanarischer und spanischer Tropfen, fungiert aber auch als Tapasrestaurant. *An der Zufahrt zur Siedlung Puerto Azul (gleich hinterm „Burgtor") nördlich der Landstraße | Tel. 677 51 56 29*

ZIELE IN DER UMGEBUNG

OASIS PARK ★ **[123 F4]**

Anfang der Neunziger noch ein kümmerlicher Zoo, ist dies inzwischen nach den Stränden die wohl größte Attraktion der Insel. Hier kann man sich einen ganzen Tag vergnügen, und wer ein Jahr später wiederkommt, wird erneut staunen, was es alles gibt – zumal immer noch erweitert wird und

Streicheln verboten: Krokodilbecken im Oasis Park von La Lajita

Neues entsteht. Die Keimzelle, der Tiergarten, ist zugleich ein weitläufiger, schattiger Park mit hohen Bäumen und blühenden Sträuchern. Hauptziele sind die witzige Papageienshow und drei Freilufttheater, je eins für Reptilien, Greifvögel und genial dressierte Seelöwen. Innerhalb des Geländes verkehrt ein offener Bus zu dem 16 ha großen Kaktusgarten mit über 2000 Pflanzenarten und dem Greifvogeltheater. Mehrere Gartenlokale, eine Pflanzenhandlung sowie ein gut sortierter Laden für Heim- und Gartenbedarf runden das Angebot ab – nicht zu vergessen die beliebten Kamelsafaris! *Zeiten und Preise siehe „Mit Kindern reisen" | an der FV 2 bei La Lajita*

TUINEJE

[119 D–E6] Der Ort ist das touristische Aschenbrödel unter den alten Inselgemeinden. Hier werden unter anderem die Tomaten sortiert und verpackt, die im fruchtbaren Umland unter Sonnenschutzsegeln – als Wind- und Sonnenschutz und damit zur Minderung des hohen Wasserbedarfs – angebaut werden. Die Insulaner verbinden mit Tuineje die Erinnerung an ein ruhmreiches Ereignis der Inselgeschichte: Im Oktober 1740 landete eine englische Freibeuterhorde beim heutigen Gran Tarajal und rückte plündernd nach Tuineje vor. Mithilfe von drei Dutzend Dromedaren, die als lebende Schutzschilde dienten, und mit kümmerlichen fünf Gewehren bewaffnet, gelang es dem rasch zusammengetrommelten Häuflein von 37 unerschrockenen Bauern unter Führung des Inselkommandanten, die Hälfte der zahlenmäßig überlegenen, gut bewaffneten Eindringlinge zu erschlagen; der Rest ergriff die Flucht. Dabei wurden neben etlichen Musketen auch zwei Kanonen erbeutet; sie zieren heute den Eingang des Museums von Betancuria. Das Ereignis ging als „Schlacht von Tamacite" in die Annalen ein.

In dem Städtchen bleibt das Gedenken an den großen Sieg auf zweierlei Weise lebendig. Zum einen birgt die zweischiffige, ursprünglich von einer Wehrmauer umgebene Pfarrkirche *San Miguel* (spätes 18. Jh.) eine bildliche Darstellung der Schlacht (zwei Tafeln am Altarsockel), zum zweiten stellt man das Ereignis alljährlich gegen Ende September auf einer Fiesta mit einem aufwendigen Historienspektakel nach. Den Schlüssel zur Kirche erhält man gegenüber von deren Westseite in dem Haus, das eine auffällige Gedenktafel für eine fromme Nonne trägt.

ZIEL IN DER UMGEBUNG

MÜHLENMUSEUM **[119 E5]**

In Tiscamanita, von Tuineje auf der FV20 4 km nach Norden, können Sie sich das Mühlenmuseum *(Centro de Interpretación de los Molinos)* ansehen. In einer restaurierten Windmühle und den dazugehörigen Wirtschaftsgebäuden gewährt eine schön präsentierte Sammlung Einblick in die auf Fuerteventura traditionsreiche Geschichte des Müllerhandwerks und des Mühlenbaus. Als Gratisgabe erhält jeder Besucher eine Probe Gofio. *Di–Sa 10–18 Uhr | Eintritt 1,80 Euro | am nördlichen Ortsausgang links zurück*

> STRÄNDE OHNE ENDE

Bungalows und Badespaß auf der einen, menschenleere Weite auf der anderen Seite der Halbinsel Jandía

> Hier ist es: das Bilderbuch-Fuerteventura – nichts als Sonne, Sand und Meer. An den 20 km langen Stränden der Playas de Sotavento genießt man Meerblick aus (nahezu) allen Hotelzimmerfenstern. Draußen auf den Wogen setzen die bunten Segel der Windsurfer lustige Farbtupfer. Selbst bei den größten Feriensiedlungen, der Costa Calma im Nordosten und Morro Jable/Jandía Playa ganz im Süden, herrscht nie Gedränge am Strand, und dazwischen ist erst recht üppig Platz.

Bild: Feriensiedlungen im Süden

Überall ist die Brandung harmlos und der Wind beständig, aber selten unangenehm. An der Costa Calma und der Playa Barca bei den Lagunen weht es im Allgemeinen am stärksten. Weiter südlich dämpfen Berge die stete Brise ein wenig.

Für den Tourismus entdeckt wurde die Gegend ursprünglich von ein paar Deutschen, die in Morro Jable mit der noch bestehenden *Casa Atlántica* die erste Urlauberunterkunft schufen und

DER SÜDEN

zwei deutsche Reiseveranstalter erfolgreich auf die idealen Strände aufmerksam machten. Ein bald darauf auf ehemaligem Salinengelände erbautes Hotel wurde 1970 Domizil des allerersten Robinson Clubs. Dieser war treffend benannt, denn außer dem noch winzigen Morro Jable war die Halbinsel Jandía fast menschenleer. Schon die stundenlange Anfahrt von dem alten Flughafen Los Estancos westlich von Puerto del Rosario aus gestaltete sich regelmäßig zum Abenteuer. Die Schotterpiste schien den eingesetzten Bus – damals bereits ein echter Oldtimer – jedesmal in seine Einzelteile zerlegen zu wollen.

Die Playas de Sotavento sind freilich nur die eine – oder eigentlich sogar nur eine halbe – Seite der Medaille, denn zum einen reicht die Halbinsel Jandía jenseits des Südkaps bei Morro Jable noch gut siebzehn Kilometer weiter nach Westen, und zum anderen darf man die lang gestreckte, weltentrückte Nordwestküste nicht vergessen. Eine Jeepfahrt zu den dortigen weiten Sandstränden zählt zu den Höhepunkten eines Fuerteventura-Urlaubs. Zwischen den beiden Küsten liegt Bergland,

Costa Calma: Frühstück auf der Terrasse

das im wolkenverhangenen *Pico de Jandía* den höchsten Gipfel der ganzen Insel aufweist (807 m).

Noch heute ist der größte Teil Jandías menschenleer. Wegen ihrer ökologischen Bedeutung wurde die ganze Halbinsel zum Naturpark erklärt (mit Ausnahme der besiedelten Küstenstreifen). Besonders im Bereich des Istmo de la Pared mit seinem riesigen Windkraftpark wurden lange Zäune gezogen, um die gefräßigen Ziegen fernzuhalten und der Vegetation wieder eine Chance zu geben.

COSTA CALMA

[123 E4] **Costa Calma, „ruhige Küste", nennt sich die breit hingestreckte Ferienzone auf dem Istmo de la Pared gleich am Anfang der Halbinsel Jandía.** Der am weitesten östlich gelegene Teil ist auch als Cañada del Río bekannt. In dem flachen Terrain zu beiden Seiten der Hauptstraße ließ und lässt sich gut bauen, und so sind im Laufe der Jahre viele Bungalow- und Apartmentsiedlungen entstanden. Dazwischen liegen einige größere Hotels, die aber optisch relativ dezent gehalten sind. Überraschender Blickfang ist vielmehr ein sattgrüner Wald entlang der Landstraße.

Die meisten Anlagen sind ansprechend gestaltet, verfügen über Süßwasserschwimmbäder und sind mit Palmen, Kakteen, Bougainvilleen oder Geranien bepflanzt. So gelungen die Baukomplexe im Einzelnen auch sein mögen, so wenig vermag das Erscheinungsbild von Costa Calma insgesamt zu gefallen. Es gibt kein richtiges Zentrum, zwischen den verstreut liegenden Teilen der Ferienzone liegen weite Strecken brach, Asphaltstraßen enden im Nichts. Trotzdem wird man als (deutscher oder deutschsprachiger) Gast kaum etwas vermissen. Vor allem kann man mit Strand und Wasser zufrieden sein. Das Meeresufer ist auf einigen Kilometern Länge tagsüber zwar recht bevölkert, doch liegt nur wenig Müll herum – offenbar sind die Gäste bereit, das Ihre zur Sauberkeit beizutragen –, und das Wasser ist, wie überall auf der Halbinsel, von beispielhafter Qualität.

ESSEN & TRINKEN

Da Costa Calma ein richtiges Zentrum fehlt, liegen auch die Speiselokale verstreut. Die größte Auswahl findet sich im Bereich der Tankstelle an der Landstraße (oberer Kreisel) und des nahe gelegenen Einkaufszentrums El Palmeral.

ARENA

Freundlich und gut, kaum teurer, aber besser als das *Mamma mia* gegenüber. *Sa geschl. | CC Costa Calma* | €–€€

COPA

Hierher führen die deutschen Residenten ihre Gäste aus. Angelika und Paul wahren in dem kleinen Lokal seit Jahren ein erfreuliches kulinarisches Niveau mit abwechslungsreicher Karte. Für den besonderen Anlass bieten sie ein Sechs-Gänge-Menü. Es lohnt sich! *Nur abends | Mo geschl. | am Parkplatz oberhalb des CC El Palmeral (nahe der Tankstelle) | Tel. 646 75 53 05* | €€

GALERIA

Freundliches deutsches Lokal, das auch Tapas und selbst gebackenen Kuchen serviert. Die rückwärtige Terrasse mit etwas Meerblick kann bei Bedarf beheizt werden. *Di–So ab 16 Uhr | im alten CC Bahía Calma (3. Straße westlich vom neuen) | Tel. 928 87 54 16* | €€

EL PATIO

Insider Tipp

Speisen unter Palmen direkt am Strand auf windgeschützter Terrasse (an kühlen Abenden beheizt): Das gibt's auf der ganzen Insel nirgends sonst. Die sehr persönliche deutsche Leitung sorgt für angenehme europäisch-kanarische Küche aus frischen Zutaten und für guten Wein. *Nur abends | im Bungalow-Hotel Solyventura, im Süden des Strandes bei den hohen Palmen | Tel. 928547165* | €€€

EINKAUFEN

Über die Ferienzone verteilen sich neun meist kleine Einkaufszentren.

MARCO POLO HIGHLIGHTS

★ Playa Barca
Hier, südlich von Costa Calma, schufen Wind, Sand und Wellen ein herrliches und fast endloses Stück Badestrand (Seite 77)

★ Dünen bei Risco del Paso
Lauschige Mulden am Südende der Lagune (Seite 79)

★ Jeepfahrt zum Westkap und nach Cofete
Ein großartiger Aussichtspunkt, einsame Strände: Hier erlebt man die Insel in ihrer rauen Ursprünglichkeit – und darf nebenbei über die geheimnisvolle Villa Winter spekulieren (Seite 87)

Den größten Supermarkt finden Sie im neuen *CC Bahía Calma*. Das größte Sortiment an Armbanduhren, Schmuck, Kosmetik und Sonnenbrillen führen die Läden im *CC Sotavento* (gegenüber vom Hotel *Taro Beach*). Am interessantesten ist das *CC El Palmeral* nahe der Tankstelle. Dorthin locken u.a. *Hodge Podge Fuerte* mit Sportkleidung, der Surferladen *Fuerte action* und der tolle Schmuck- und Mineralienladen *1st one* (sprich: first one), der auch als Sehenswürdigkeit durchgeht.

Insider Tipp In der *Boutique Tangente* verkauft Bea Stein, die seit Jahren auf der Insel lebt, originelle, aber tragbare Kollektionen in den Größen 36–50. Fragen Sie auch nach ihren Modenschauen *(im Hotel Costa Calma Palace, eine Etage unter der Rezeption)*.

Vielseitige Urlaubslektüre und interessante Literatur über die Kanaren finden Sie in der hervorragend geführten deutschen Buchhandlung Insider Tipp im *CC Costa Calma*.

Der vorwiegend afrikanische Markt, der im Wochenturnus über die Insel zieht, macht in Costa Calma sonntags Station *(10–15 Uhr | am unteren großen Kreisel)*.

> LOW BUDGET

- Alle Tauchschulen bieten gratis Schnupperkurse an. Zwar geht es nur auf den Grund des Hotelpools, doch hat man hinterher eine Ahnung davon, wie die Sache läuft.
- Das beliebte *Bratkartoffelstübchen*, ein deutsches Lokal in Costa Calma, bietet Tagesgerichte für 4–9 Euro, mal Deftiges nach deutscher Art, mal kanarischen Fisch. *Erdgeschoss des CC El Palmeral*
- Die Werbung verspricht nicht zu viel: „Schottentarife". Kein Pkw-Vermieter ist günstiger als *Der Highlander* in Costa Calma *(im CC El Palmeral | Tel. 928 87 55 57)*.

ÜBERNACHTEN

BAHÍA CALMA

Die leuchtend weißen, klug gestalteten Bungalows (75 Wohneinheiten) dieser *urbanización* gruppieren sich um einen Pool; Strand, Supermarkt und ein Restaurant sind nah. Nachts wird man vom Rauschen der Palmen in den Schlaf gewiegt. *Tel. 928 54 71 58 | Fax 928 54 70 31* | €€

BUNGALOW-HOTEL SOLYVENTURA

Die 18 Wohneinheiten dieser exklusiven Anlage unter deutscher Leitung verfügen über große, individuelle Terrassen, Seeblick sogar vom Bett aus und direkten Strandzugang. Wer nicht nach Trimmraum oder Disko fragt, vielmehr eine persönliche Atmosphäre sowie eine schöne, ruhige Lage mit freier Sicht bevorzugt, findet hier das Passende. *Tel. 928 54 71 65 | Fax 928 54 71 66 | nur über Sekretariat Solyventura in Solingen buchbar: Tel. 0212/645 77 11 | Fax 645 77 13 | www.solyventura.com* | €€€

COSTA CALMA PALACE

Wahrlich ein Palast: Zu breit und hoch liegt er am Strand (direkter Zugang), doch die Gäste dieser Luxusherberge genießen die imposante, riesige Halle, die allerbeste Verpflegung, das reiche Wohlfühlangebot mit Meerwasserhallenbad und Thalassotherapie sowie ✲ den grandiosen Seeblick aus allen 417 Zimmern. Das Schönste: Man kann unter Palmen frühstücken. *Avda. Jahn Reisen | Tel. 928 87 60 10 | Fax 928 87 60 53 | www.sunrisebeachhotels.com* | €€€

MARYVENT

54 Apartments direkt am Strand – mit Küche und meist auch mit Meerblick. *Unterhalb des Einkaufszentrums Bahía Calma II | Tel. 928 547392 | Fax 928 54 70 92 | www.maryvent.de* | €€

PLAYA ESMERALDA

Zu den Pluspunkten des komfortablen 333-Zimmer-Hauses zählen direkter Strandzugang, gute Küche, günstige Preise und ein Hallenbad für unfreundliche Tage. *Am Südende der Siedlung | Tel. 928 87 53 53 | Fax 928 87 53 50 | www.h10.es* | €€

RISCO DEL GATO

Das kleine, aber feine Bungalowhotel (51 Wohneinheiten) galt bei der Eröffnung als architektonische Sensation. Hier wohnt man ausschließlich zu ebener Erde in Bungalows, deren schalenförmige Dächer die intimen Sonnenterrassen vor dem steten Nordostpassat und fremden Blicken schützen. Die Anlage verfügt über Schwimmbecken, Sauna, Tennisplatz, Caféteria und Restaurant.

Tauchern eröffnet sich eine faszinierende Unterwasserwelt

36 neue Villen haben je einen Patio mit Pool. *Am Südrand des Ortes | Tel. 928 54 71 75 | Fax 928 54 70 30 | www.risco-del-gato.com* | €€€

MELIÁ GORRIONES [113 D5]

Die Lage fern anderer Bauten oberhalb der Lagune der Playa Barca ist konkurrenzlos schön. Nach einem Totalumbau erglänzt das 418-Zimmer-Hotel zudem in neuer Pracht. Schon die Halle fasziniert durch ihre Ästhetik. Zum Haus gehören die ▶▶ Surfschule Egli und eine Tauchschule. Eine weitere Attraktion ist der große, schattige Garten mit drei Pools. Animation, Kinderbetreuung, ein Spa-Bereich und mehrere Bars runden das Angebot ab. *Tel. 928 54 70 25 | Fax 928 54 70 00 | www.solmelia.com* | €€

SOTAVENTO BEACH CLUB

Die Anlage mit direktem Strandzugang zeichnet sich durch zurückhaltende Animation aus – bei großem Angebot. Nur manche der geräumigen 310 Apartments haben Meerblick, doch alle haben eigene Terrassen bzw. Balkone. Tauchschule. *Tel. 928 54 70 60 | Fax 928 54 70 09 | www.sotavento.de* | €€€

TARO BEACH HOTEL/ MONICA BEACH CLUB

Hier ist richtig, wer Geselligkeit sucht. Die beiden terrassenförmigen Hotels liegen direkt am Strand, Zentrum ist jeweils ein großer Pool mit Bar. Fast alle Zimmer (*Monica Beach* 410, *Taro Beach* 293) haben Meerblick und eine eigene Sonnenterrasse. Ein von beiden Hotels gemeinsam betriebenes Sportcenter bietet Tennisunterricht und Minigolf. Die Animation (auch für Kinder) sorgt für Spaß und Unterhaltung. Die Gäste beider Häuser können die Einrichtungen des jeweils anderen mitbenutzen. *Monica Beach: Tel. 928 54 70 75 | Fax 928 54 73 18; Taro Beach: Tel. 928 54 70 76 | Fax 928 54 70 98;* €€

FREIZEIT & SPORT

Ob Radtouren, Endurofahren oder Segeltörns: Vieles wird auf der ganzen Halbinsel angeboten – inklusive Abholen vom Hotel. Einzelheiten siehe unten unter La Pared *(S. 76)* und Morro Jable *(S. 80)*.

> FEHLINVESTITIONEN

Über den sorglosen Umgang mit öffentlichen Geldern

Die enormen Tourismuseinnahmen mancher Inselgemeinden haben die Sitten verdorben. Während der Bürgermeister von La Oliva mit einem prachtvollen, doch kaum genutzten Freibad das Wahlvolk betörte und seine Wiederwahl sicherte, verfällt die Casa del Inglés, ein stattliches Herrenhaus an der Ortsausfahrt nach Corralejo, immer mehr zur Ruine. Auch Investitionen in den Tourismus waren nicht immer glücklich. So baute die Gemeinde La Antigua für die ins Niemandsland platzierte Siedlung Nuevo Horizonte ein aufwendiges Schwimmbad. Es ist seit Jahren außer Betrieb, da die Gäste lieber im Meer oder im Hotelpool baden.

JETSKI, WASSERSKI

Deutsche betreiben eine Station am Ostende der Bucht, auch mit Bananenboot, Tretbooten und Wasserski-Anfängerschulung; sie ist nur zeitweise in Betrieb.

Schlauchboote, mit denen auch versunkene Wracks angesteuert werden *(www.poseidonsdiveinn.com)*. Weitere Tauchschulen gibt es im Sotavento Beach Club, im Morasol und im Meliá Gorriones.

Rasantes Vergnügen auf dem Wasser: Jetski fahren

RAD FAHREN

Volcano Bike liefert das Geländerad bis vors Hotel und bietet auch geführte Touren *(Tel. 639738743, Ralf)*.

TAUCHEN

Antje und Hakan betreiben das Tauchzentrum *Proworld of Scuba* im Hotel Playa Esmeralda *(Zufahrt über Piste neben dem Hotel | www.proworld-of-scuba.de)*, Simona und Kay das *Fuerte Divers* im Hotel Costa Calma Beach *(vorletztes Hotel vor dem Nordende des Strandes | Zugang durch den Hotelgarten)*. Die Schule verfügt über zwei kräftig motorisierte

WINDSURFEN

Anfänger und Gelegenheitssurfer ebenso wie Fortgeschrittene finden sich bei Unterricht oder Geräteverleih bestens betreut beim ▶▶ *Fanatic Fun Center (am Strand vor dem Monica Beach Club | www.fanatic-surf.com)*. Am international bekannten Windsurfrevier der Playa Barca [123 E4] bietet das ▶▶ *Pro Center René Egli* außer Verleih und Kursen bis hinauf zum Funboard-Spezialisten auch Drachensurfen an – ein Mega-Erlebnis für fortgeschrittene Surfer! *Am Hotel Meliá Gorriones | www.rene-egli.com (mit Webcam)*

AM ABEND

Sehr viel ist zu später Stunde an der Costa Calma nicht los, aber immerhin: Ein paar gute Adressen gibt es außerhalb der Hotelanimation. Gleich drei finden sich im Keller des CC Costa Calma. In der *Disko Käfer* hängt ein halber VW an der Wand. Hier füllt sich der Raum erst nach Mitternacht. Bis dahin kann man sich die Wartezeit oben an der Straßenecke in der Cocktailbar *Synergy* verkürzen. Der bekannteste Treffpunkt an der Costa Calma ist ▶▶ *Fuerte action*, nicht nur für Surfer und nicht erst am Abend: Hierher kann man schon zum Frühstück kommen. Extraplus: Gratis-WLAN *(im CC El Palmeral bei der Tankstelle)*.

Insider Tipp

Alle schwärmen von der großzügigen Bar-Lounge *Divino*, die sich trotz der eleganten orientalischen Anmutung durch zivile Preise auszeichnet – ein echter Zugewinn für die Costa Calma. Hier finden auch Kunstausstellungen statt *(im alten CC Bahía Calma, drei Straßen westlich vom neuen, erstes Haus rechts, ohne Schild)*.

Insider Tipp

Oder lieber Tanz unter Palmen? Das bietet *El Jardín* mit dezenter Livemusik *(am unteren großen Kreisel)*. Und schließlich nicht zu vergessen: die Strandbar *Horizonte*, wo es Bier, Sangria, kleine Speisen und manchmal Livemusik gibt *(zwischen den Hotels Fuerteventura Playa und Barlovento)*.

ZIELE IN DER UMGEBUNG

LA PARED [123 E3]

Bei Costa Calma bildet der wüstenartige Istmo de la Pared („Landenge der Mauer") die schmalste Stelle der Insel. Die besagte Mauer soll einer Theorie zufolge quer über den Isthmus hinweg zwei Königreiche der Altkanarier getrennt haben, doch hierfür gibt es keinen Beweis. Nur unscheinbare Reste sind von ihr erhalten. Nördlich von Costa Calma führt eine Straße hinüber an die Westküste zur Ortschaft *La Pared*. Diese noch etwas öde wirkende Streusiedlung mit einer drolligen Prachtstraße, an der kein einziges Haus steht, ist in den Anfängen der touristischen Entwicklung stecken geblieben. Gäste aus anderen Inselorten kommen aber zum Essen und Sporttreiben hierher. Das Restaurant *El Camello* gefällt mit einer paradiesisch schönen Seitenterrasse und einem Garten. Die interessante Karte vereint kanarische und internationale Gerichte. Oft speist man vorzüglich, aber zuweilen haben Küche und Bedienung schlechte Tage *(Mo geschl. | am ersten Kreisel in La Pared rechts | Tel. 928 54 90 90 | €€)*.

Das kanarische Restaurant *Bahía La Pared* bietet frischen Fisch mit Meerblick, wunderschön bei Sonnenuntergang (€€). Nördlich des Barrancos liegt es am Ende einer Piste nahe einer Felsnase, durch die Wellen ein Tor genagt haben. Bei Flut und bewegter See schießen die Wassermassen schäumend durch die Naturdüse. An dem Strand lohnt es sich, ein wenig zu verweilen: In kleinen Becken, die die Flut aus dem flachen Sedimentgestein gewaschen hat, schwimmen bei Ebbe scheue Fischchen oder ziehen Würmer seltsame Spuren, ockerfarbene Felsen, schwarze Kiesel und rötlicher Sand bilden wechselnde Muster und

Ausritte an die raue Westküste sind auch für erfahrene Reiter etwas Besonderes

Kontraste, und oben auf dem Felstor verdunstet die hoch aufgespritzte Gischt in natürlichen Salzpfannen.

Die Straße südlich des Barranco führt vorbei an der Wellenreitschule *Cowabunga (Tel. 619 80 44 47 | www.cowabunga.de)*, die ihre Gäste gern aus Costa Calma abholt, zum langen Sandstrand *Playa del Viejo Rey*, wo die nötige Brandung herrscht (Zugang über Stufen).

Der Reitstall *Rancho Barranco de los Caballos (Tel. 619 27 53 89 oder 928 17 41 51)* bei km 20,5 links der FV 605 Richtung Pájara bietet erfahrenen Reitern wunderschöne Ausritte in dem weitgehend menschenleeren Terrain an der wilden Westküste. Von La Pared bricht *Sahara Sports* zu Rundfahrten auf Enduros auf. Ein Kleinbus sorgt für den Antransport aus Costa Calma und Jandía Playa *(Tel. 606 60 00 90)*. Nicht zu vergessen ist schließlich die *Golf-Akademie* (siehe „Sport & Aktivitäten").

Biegen Sie von der Landstraße, aus Costa Calma kommend, nicht nach links in den Ort, sondern gegenüber nach rechts ab, so gelangen Sie über eine Piste nach 1,4 km zur *Quesería La Pastora*, wo Sie etwas über die Herstellung von Ziegenkäse erfahren und selbigen auch günstig kaufen können *(tgl. 8–13, 16.30 bis 18.30 Uhr)*.

PLAYA BARCA ★ ▸▸ [123 D4–5, E4]

Dieser mittlere Abschnitt der Sandstrände, an deren Nordende die Costa Calma liegt, ist der schönste Teil der Playas de Sotavento. Hier hat sich hinter einer kaum 20 m schmalen, doch 4 km langen Nehrung eine bis über 500 m breite Lagune ausgebildet. Sie ist leicht zu durchwaten und fällt bei Ebbe weitgehend trocken. (Die Nehrung wird manchmal überflutet; passen Sie auf, dass Ihre Sachen nicht wegschwimmen!) Einzige größere Baulichkeit ist das Hotel *Meliá Gorriones*. Die Playa Barca gilt als eines der besten Windsurfreviere der Welt. Jedes Jahr im Juli finden hier Weltmeisterschaften statt.

ESQUINZO

[122 C6] **Von der neuen Autobahn führt die Ausfahrt Butihondo zu zwei separaten Feriensiedlungen. In dem der Ausfahrt zunächst gelegenen Teil geht es links zum Robinson Club und rechts zu mehreren großen Hotelanlagen.** Folgt man aber gleich links dem Schild „Farmacia", so gelangt man über die alte Landstraße zum älteren Teil von Esquinzo. Hier wie da ist das Terrain abschüssig, sodass es viele Zimmer mit Meerblick gibt. Da die Straße weiter oben verläuft, herrscht überall Ruhe – und außerhalb der Anlagen auch sonst kein Trubel. Vor allem die Gäste im älteren Teil von Esquinzo wissen das zu schätzen.

ESSEN & TRINKEN

Insider Tipp

MARABÚ

Wer im Süden im Tourismus arbeitet, führt hierhin seine Gäste aus. Denn hier stimmt alles: die Atmosphäre, die Bedienung, das erfreuliche Preis-Leistungs-Verhältnis sowie die Auswahl und die Qualität der Speisen – kanarische und internationale Gerichte, frische Zutaten, gute Weine. Mit Terrasse. *So geschl. | Calle Bonn (ab Landstraße geradeaus abwärts) | Tel. 928 54 40 98* | €€

EL MARINERO

Familie Di Meglio serviert gute italienische und internationale Gerichte, auch auf einer windgeschützten Terrasse. *Tgl. 18–21 Uhr | eine Parallelstraße nördlich des Marabú | Tel. 928 87 21 64* | €€

ÜBERNACHTEN

ESQUINZO/MONTE DEL MAR

Einst Konkurrenten, sind die benachbarten Anlagen jetzt in einer Hand. Jede hat einen Pool. Hier wohnt man preisgünstig und strandnah. *150 Wohneinheiten | C. Escanfraga 2 | Tel. 928 54 40 85 | Fax 928 54 40 88 | esquinzo@montedelmar.e.telefonica.net* | €€

Dekoratives Farb- und Formenspiel: Dünenlandschaft bei Risco del Paso

FUERTEVENTURA PRINCESS/ CLUB JANDÍA PRINCESS

Die zwei clubähnlichen Vier-Sterne-Hotelanlagen bestehen jeweils aus einem großen Haupthaus, aus zweigeschossigen, locker im Garten verteilten Wohnbauten und einer Poollandschaft mit Restaurants und Barpavillons. Bei beiden besticht die kanarische Optik mit weißen Wänden und dunklem Holz. Besonders das Haupthaus des *Fuerteventura Princess* mit seiner riesigen Halle ist eine innenarchitektonische Offenbarung. Das *Jandía Princess* hat 528, das *Fuerteventura Princess* 715 klimatisierte Zimmer, jeweils mit Telefon und mit eigenem Balkon oder Terrasse, häufig mit Meerblick; dazu gibt's Tennisplätze, eine Sauna, Animation und direkten Strandzugang. *Fuerteventura Princess: Tel. 928 54 41 36 | Fax 928 54 41 37; Jandía Princess: Tel. 928 54 40 89 | Fax 928 54 40 97 | www.princess-hotels.com | beide €€*

ROBINSON CLUB ESQUINZO PLAYA

Der neuere der zwei Robinson Clubs auf der Insel bietet Platz für 1000 Gäste und ist vor allem auf Familien zugeschnitten. Animation und Kinderbetreuung sind perfekt. Ein Teil der Anlage ist Ruhezone. Direkter Strandzugang. *Tel. 928 16 80 00 | Fax 928 16 84 00 | www.robinson.com | €€€ (Vollpension)*

FREIZEIT & SPORT

Unterhalb der Siedlungen zieht sich der lange Strand Playa de Esquinzo hin (viel FKK). Zum Robinson Club gehören eine Segelschule (mit Katamaranen), eine Windsurfschule und Tennisplätze (mit Schulung). In den beiden Princess Hotels bietet *Matchpoint Sports* Tennistraining auf Sandplätzen, Nordic Walking und Radeln *(Tel. 609 23 62 57 | www.mp-sports.de)*. Zu weiteren Angeboten siehe Morro Jable.

AM ABEND

Im älteren Teil Esquinzos trifft man sich in der *Safari Bar* am Pool von Monte del Mar.

ZIEL IN DER UMGEBUNG

DÜNEN BEI RISCO DEL PASO ★ [123 D5]

Bei Risco del Paso (Abzweigung von der Landstraße auf eine asphaltierte Piste bei km 71,8) endet die Lagune der Playa Barca. Die Attraktion dieses Strandabschnittes – des schönsten auf der ganzen Insel – sind zwei kleine Sanddünen, begrünte Sandhügelchen und lauschige Mulden (viel FKK). Das Meer vor Risco del Paso ist ein beliebtes Surfrevier. Ein paar kleine Anlagen ermöglichen es, in dieser optimalen Lage zu wohnen – ohne Telefon, z.B. in der unter deutscher Leitung stehenden *Villa Christina (www.villa-christina.eu)*. Unterhalb davon unterhält René Egli eine Surfstation, zudem gibt es eine beliebte Strandbar.

MORRO JABLE/ JANDÍA PLAYA

[122 B6] **Dieser Doppelort am südlichsten Punkt von Fuerteventura ist das größte touristische Zentrum der Insel. Er besteht aus zwei sehr unterschiedlichen Teilen.** Morro Jable (auch: Morro del Jable) ist ein nicht eben altes, dennoch traditionelles Hafenstädtchen in recht schöner Lage. Östlich davon, jenseits eines Hügels, der mittlerweile allerdings bereits vollständig bebaut ist, bilden Hotel- und Apartmentkomplexe eine große Feriensiedlung, für die sich in deutschen Reisekatalogen die Bezeichnung Jandía Playa oder kurz Jandía eingebürgert hat. Die offiziellen Namen sind *Solana de Matorral* oder *Solana de Jandía*. Der dazugehörige Strand ist die *Playa de Matorral*.

Jandía Playa besteht im Wesentlichen aus einer repräsentativ angelegten, begrünten Hauptstraße, an deren einer Seite sich gegen den Hang gebaute, oft terrassiert angelegte Hotel- und Apartmentkomplexe hinziehen. Hier gibt es auch Bars, Restaurants und viele Läden, sodass sich vom *Stella Canaris* im Osten bis zum klobigen älteren Shopping Center *Cosmo* im Westen eine Flaniermeile herausgebildet hat, auf der besonders abends recht viel los ist. Gegenüber liegt eine geschützte Salzwiesenzone und dahinter der Strand.

Kleiner, ruhiger, stimmungsvoller und näher am Wasser ist die Strandpromenade, die am Robinson Club beginnt und bis Morro Jable zu den dortigen Fischrestaurants führt. Hier bietet das enge, schlichte und spanisch

> BÜCHER & FILME

Lesens- und Sehenswertes zu Fuerteventura

- Fuerteventura – Magie einer Insel – Den schönen Band mit Landschaftsfotos und – teils romanhaft ausgestalteten – Texten zur Inselgeschichte von Karin Meurer und Rainer Müller finden Sie vor Ort in vielen Läden.
- Costa Calma Naturführer – Eine von Naturfreunden lange empfundene Lücke füllt dieses preisgünstige Büchlein von Martin Lechner. Es stellt Tiere und Pflanzen vor, die man an Stränden rings um die Insel finden kann.
- Bis auf die Leinwand internationaler Spielfilmkinos hat es Fuerteventura noch nicht geschafft. Private und kommerzielle Videos, z.B. von Surfschulen, finden sich reichlich im Internet. Ein schönes Fuerteventura-Reisevideo (als DVD) hat das Zweite Deutsche Fernsehen in der Reihe „Reiselust" auf den Markt gebracht, zu bestellen beim Verlag *Komplett-Media (Robert-Koch-Str. 38 | 82031 Grünwald) oder über www.video travel.de.*

dominierte Morro Jable in vielerlei Hinsicht einen interessanten Kontrast zu der künstlichen, groß dimensionierten Feriensiedlung in seiner Nachbarschaft.

Dank der terrassenförmigen Hangbebauung kann man hier fast immer damit rechnen, ein Zimmer mit Seeblick zu bekommen. Außerdem wohnt man überall strandnah. Allerdings muss man mit wenigen Ausnahmen erst die Hauptstraße kreuzen und die Salzwiesenzone durchqueren, ehe man den Strand erreicht.

Heute dehnt sich Jandía Playa immer mehr nach Nordosten aus, wo die Straße nicht mehr ufernah verläuft. Die neuen Häuser dort bieten aber ebenfalls direkten Strandzugang.

ESSEN & TRINKEN

Wenn Sie den Weg nicht scheuen, gehen Sie zu einem stimmungsvollen Mittag- oder Abendessen nach Morro Jable. An der dortigen Strandpromenade speist man viel schöner als an der Hauptstraße von Jandía Playa. Qualitativ, im Speiseangebot und preislich unterscheiden sich die Lokale nur wenig. Die Standardkombination von frischem Fisch, *papas arrugadas* und Meeresblick sorgt fast überall für zufriedene Gäste. Wer mehr Wert auf den Geschmack als auf die Aussicht legt, sollte die „zweite Reihe“ hinter der Promenade beachten, wo man teils besser, teils billiger speist.

Ziemlich untouristisch wird es dann in den zwei schmalen Haupt-

Der Leuchtturm von Morro Jable dient nicht nur Schiffen als Orientierungspunkt

straßen von Morro, deshalb sollten Sie besser etwas Spanisch sprechen, wenn Sie in die dortigen Bar-Restaurantes einkehren wollen.

Eisdielen: Nahe dem Ende der Promenade in Morro Jable (hinter dem Restaurant *Clavijo*) erfreut sich das *Ciao Ciao* großer Beliebtheit. An der Hauptstraße von Jandía Playa liegt das deutsch geführte *Monte Gelato*, das auch unter dem Namen *Eisdealer* fungiert *(CC Faro | rechts vom Ärztezentrum)*.

CORONADO

Das gehobene Restaurant führt eine kluge Auswahl an internationalen und kanarisch angehauchten Gerichten in guten Portionen. An der Bar trifft man oft den deutschen Seniorchef – ein Quell von Geschichten aus der Pionierzeit des hiesigen Fremdenverkehrs. *Küche Mi–Mo 19–23 Uhr | neben dem Riu Palace Jandía | Tel. 928 54 11 74 | €€–€€€*

FAROLA DEL MAR

Sven und Udo servieren hier den wohl besten Fisch am Ort – mit Meerblick von der Terrasse. *Mi geschl. | in Morro Jable an der Treppe zur neuen Kirche hinter dem Lokal Laja | Tel. 928 54 08 34 | €€*

Insider Tipp PICCOLA ITALIA

Aus dem zünftig mit Holz befeuerten Steinofen kommen die besten Pizzen am Ort. *Do geschl. | C. del Carmen 39 | Tel. 928 54 12 58 | €*

LA STRADA

Empfiehlt sich mit freundlichem Ambiente und einer guten Karte. Tagesgerichte wechseln, es gibt auch Tapas. *Nur abends, Sa geschl. | am Barranco in Morro Jable, nahe der Promenade | Tel. 928 54 08 12 | €€*

EINKAUFEN

Entlang der Hauptstraße herrscht ein reiches Angebot an Läden. Preisgünstiger kaufen Sie jedoch in den rund 80 Läden unten in Morro Jable. Aus Jandía kommend, erreichen Sie in Morro rechts der talwärts führenden Straße (vor der Linkskurve) den großen Supermarkt *Padilla*. Nicht vergessen: Donnerstags ist Wochenmarkt an der Hauptstraße auf der Freifläche neben dem CC Cosmo.

ÜBERNACHTEN

In Jandía Playa stehen vorwiegend große bis sehr große Herbergen. Wer überschaubare Unterkünfte mit persönlicher Atmosphäre vorzieht, sollte nach Morro Jable gehen.

APARTAMENTOS ALBERTO

20 Apartments mit Meerblick, einfache, aber ausreichende Ausstattung. *Avda. del Faro 4 | Morro Jable | Tel. 928 54 51 09 | Fax 928 54 51 27 | www.aptosalberto.com | € (ohne Verpflegung)*

AQUAMARIN

17 teils geräumige Zimmer mit Balkon oder Terrasse, Pool, ruhig gelegen. Gutes Preis-Leistungs-Verhältnis. *Urbanización Stella Canaris 23–28 (neben Stella Dunas Resort, 2. Straße links) | Tel. 928 54 03 24 | Fax 928 54 03 59 | www.aquamarin.com | €€*

ATALAYA DE JANDÍA

Exquisit: Die Anlage schwebt gewissermaßen über dem Meer – ganz

Wo regelmäßig bewässert wird, zeigt sich üppige Blütenpracht

vorn auf dem Felsen im Westen von Morro Jable, oberhalb der Kirche. Die 20 geräumigen, gut ausgestatteten Apartments verfügen über einen Balkon, zur Anlage gehört ein kleiner Pool. *C. Altavista | Tel. 928 54 02 27 | Fax 928 54 02 38 |* €€€

CASABLANCA

Kleine, deutsch geführte Anlage mit zwölf gut ausgestatteten Apartments bzw. Studios (mit Meerblick). Kleiner Swimming Pool. *Avda. del Faro 8 (am Hang oberhalb von Morro Jable) | Tel. 928 54 17 44 | Fax 928 54 02 35 |* €€

CLUB ALDIANA

In der großzügigen, parkähnlichen Anlage mit direktem Strandzugang wohnt man in einem Hoteltrakt oder in lose gruppierten Bungalows (361 Wohneinheiten, viele mit Meerblick), in denen auch ruhebedürftige Gäste Erholung finden. Kinder werden ebenfalls gut betreut. Außer dem üblichen Angebot an Gastronomie, Läden, Diskothek, Pool usw. gibt es eine Surf- und Segelschule, Tauchkurse, ein Fitnessstudio, Golftrainingsanlage, Fahrradverleih, Squash, Tennis und einiges mehr. Wohl keine Ferienanlage in Jandía bringt die Vorzüge der Insel so gut zur Geltung wie diese. Ruhe und sportliche Betätigung, Einsamkeit und Geselligkeit, Natur und Kultur stehen hier in optimalem Verhältnis. *Valle de Butihondo (am Ende der Autobahn) | Tel. 928 16 98 70 | Fax 928 54 10 93 | www.aldiana.de |* €€€ *(Vollpension)*

FARO JANDIA

Ein Haus in beschwingten Formen und in zentraler Lage, daher eine gute Wahl für alle, die auch gern mal etwas außerhalb des Hotels unternehmen. Die 214 Zimmer (alle mit Loggia, viele mit Meerblick) sind klimatisiert. Zur Anlage gehören Pool, Sauna, Fitnessraum, Tennis, Minigolf. *Avda. del Saladar (Leuchtturm-*

höhe) | *Tel. 928 54 50 35* | *Fax 928 54 52 40* | *www.farojandia.com* | €€€

RIU CALYPSO

Komfortables Vier-Sterne-Hotel mit individuellen Terrassen (fast alle mit Meerblick) und direktem Strandzugang. Tennis, Pool, Fitness. 248 Zimmer (auch Nichtraucher). *Östlich von Morro Jable* | *Tel. 928 54 07 30* | *Fax 928 54 03 70* | *www.riu.com* | €€€

RIU PALACE JANDÍA

Von der hohen Warte über dem Strand aus bieten die meisten der 209 geräumigen Zimmer beste Aussichten. Allerdings ist der Poolbereich etwas eng, und es gibt viele Stufen. Zum Strand schwebt man in einem Glaslift hinab. *Jandía Playa* | *Tel. 928 54 03 70* | *Fax 928 54 23 52* | *www.riu.com* | €€€

ROBINSON CLUB JANDÍA PLAYA

Die palmenbestandene Anlage mit Pool und allem, was solch ein Club sonst noch bietet, liegt als einzige im flachen Vorland unmittelbar am Strand. Bei den Gästen überwiegen junge Paare und Singles – für Familien ist der Club in Esquinzo gedacht. Die meisten Gäste wohnen in einem (1998 renovierten) Sechzigerjahre-Hochhaus. Zum Sportangebot gehören Tennis, Tauchen und Windsurfen. *Jandía Playa* | *an der Hauptstraße* | *Tel. 928 16 91 00* | *Fax 928 16 95 40* | *www.robinson.com* | €€€ *(Vollpension)*

STELLA DUNAS JANDÍA RESORT

Schon eine Stadt für sich ist diese größte Hotel-, Apartment- und Bungalowanlage der Insel (ex *Stella Canaris*), die sich von der Uferstraße fort in ein Seitental hinein und den Hang hinauf erstreckt. Die rund 1000 Wohneinheiten, alle mit Telefon, verteilen sich auf sehr verschiedene Gebäude. Der nahe Strand mit Zugang durch einen Tunnel unter der Hauptstraße, der riesige Palmengarten mit Zoo, mehrere Pools sowie spezielle Angebote für junge Gäste machen Stella Canaris zu einem Paradies für Familien mit Kindern. Entsprechend lebhaft geht es zu. Ferner gibt es Fußball, Tennis, Squash, eine Disko und vieles mehr. Auch wenn drei Aufzüge die größten Höhenunterschiede überwinden helfen, sollten alle, die nicht mehr so gut zu Fuß sind, und Familien mit Kinderwagen

die im Tal gelegenen Teile der Anlage vorziehen. *Jandía Playa | an der Hauptstraße | Tel. 928 87 33 99 | Fax 928 87 34 99 | www.hotelesdunas.com | €–€€*

FREIZEIT & SPORT

BOOTSAUSFLÜGE

Mitsegeln: Ab Morro-Hafen (westlich der Stadt) laufen mehrere Segelkatamarane zu Tagestouren aus, z. B. die große „Magic" *(buchbar über die Reiseleitung)* oder die kleinere „Peace of Mind" *(Tel. 647 54 85 05)*. Nostalgischen Segelspaß bietet der 1940 erbaute Zweimaster „Pedra Sartaña", buchbar über die Reiseleitung. Tauchfahrten bis 30 m Tiefe ermöglicht „Subcat" *(Tel. 928 16 63 92)*.

FAHRRÄDER

Fuertebike vermietet nicht nur Räder, sondern organisiert auch Touren *(Tel. 629 36 27 95, Uli | www.fuertebike.com)*. Bei *Jandía Patines* kann man außer normalen Rädern auch vierrädrige Tretmobile erhalten, sogar stundenweise *(Holzschuppen am Westende der Salzwiesenzone | Tel. 667 30 18 94)*.

HOCHSEEANGELN

Ab Morro Hafen läuft der Motorkatamaran „Albakora" mit maximal fünf Gästen an Bord aus *(Tel. 639 95 52 87)*. Auch *Canary Sport Fishing (Tel. 928 16 63 22)* und *Blue Nose (Tel. 628 02 14 51)* bieten Angeltörns an.

Für eine Partie Beach-Volleyball finden sich immer Mitspieler

JETSKI

Ab Hafen werden täglich vier heiße eineinhalb- bis zweistündige Ausflüge entlang der Südküste angeboten. *Tel. 616 43 71 84 | Buchung auch über Sahara Sports | Tel. 606 60 00 90 (Frank) | oder über die Reiseleitung*

MOTORRAD-, TRIKE- & QUADAUSFLÜGE

Ausflüge auf Enduros oder Quads: *Sahara Sports* (*Tel. 606 60 00 90 | www.sahara-sports.de).* Triketouren gibt's bei *Fuerte-Trike (CC Cosmo | im Internetcafé im Keller | Tel. 928 16 63 01 | www.fuerte-trike.com).*

SEGELN & WINDSURFEN

Erster Anbieter am Ort ist die Surf- und Segelstation an der Strandseite des *Robinson Club (Tel. 928 169539).* Katamaransegeln bietet auch das *Nautic Center (unterhalb vom Club Aldiana | Tel. über Aldiana 928 16 98 70 | App. 119).*

STRÄNDE & SCHWIMMEN

Am bis zu 50 m breiten Strand von Jandía Playa *(Playa de Matorral)* mit seinem feinen, goldgelben Sand wird es trotz des Betriebs nicht eng. Zwei Liegen und ein Sonnenschirm kosten deftige 9 Euro Miete pro Tag. FKK ist in Stadtnähe unerwünscht. Für Schwimmunterricht wenden Sie sich an *Matchpoint (Tel. 609 23 62 57 | www.mp-sports.de).*

TAUCHEN

Langjährig etabliert ist die *Tauchschule Felix (Jandía Playa | westlich neben CC Faro an der Hauptstraße | Tel. 928 54 14 18).*

TENNIS

Die besseren Hotels verfügen über Kunstrasen- oder Sandplätze. Unterricht erteilt *Matchpoint (Tel. 609 23 62 57 | www.mp-sports.de).*

AM ABEND

Seit vielen Jahren bei Nachtschwärmern beinahe aller Altersstufen beliebt ist die Disko *Mafasca* (ehemals *Stella*) am Stella Dunas Resort (neben dem Haupteingang links vorbei). Donnerstags bis samstags zu sehr später Stunde füllt Latinomusik die Tanzbar *Noche tropical* besonders mit Spaniern.

Nichttänzer bevölkern die Kneipen entlang der Hauptstraße. Vor allem die geräumigen Freisitze neben dem Stella Canaris sind zu Recht be-

> VARIABLE ORTSNAMEN

Meist sind mehrere Schreibweisen möglich

Etwas Offizielles wie ein Ortsname liegt fest, sollte man meinen. Nicht aber auf Fuerteventura. Statt Morro Jable sagt man auch Morro del Jable, statt Vega de Río de las Palmas auch Vega de Río Palma. Vollends unübersichtlich ist es mit der Feriensiedlung an der Bucht Caleta de Fustes, für die sechs verschiedene Namen gebräuchlich sind. Manche Orte tragen einen Artikel vornweg wie La Antigua, doch ebenso oft wird er fortgelassen. An Letzterem orientiert sich die alphabetische Einordnung in diesem Buch.

liebt. Dort besonders zu empfehlen: die *Cervezería Olimpo*, die nicht nur Bier *(cerveza)* ausschenkt, sondern auch leckere Cocktails mixt.

Unter den Kneipen im CC Cosmo ist das ▶▶ *Surf-Inn* mit sandbedeckter Terrasse der Treff von gut durchtrainierten Animateuren, Surfern und Seglern *(ganz oben)*. Im *Eskimo* treffen sich hier Alte und Junge, Spanier, Residenten und (wenige) Touristen, und manchmal musiziert der Wirt dazu.

Insider Tipp

AUSKUNFT

OFICINA DE TURISMO

Im Keller des CC Cosmo | Mo–Fr 9–15 Uhr | Tel. 928 54 07 76

Ein echtes Piratenabenteuer: Segeltörn auf dem Atlantik

(eine Etage tiefer) genießt eine treue deutsche Gästeschar abends ihr kühles Bier. Gehobene Baratmosphäre bietet die feine Bar des *Coronado (neben dem Riu Palace Jandía)*. Das netteste Lokal von allen ist jedoch *San Borondón* unten in Morro Jable *(etwas abseits der Promenade hinter dem Clavijo)*. Bei Bier und Tapas

ZIEL IN DER UMGEBUNG

JEEPFAHRT ZUM WESTKAP UND NACH COFETE ★

Der schönste Ausflug, den man im Südteil Fuerteventuras machen kann, führt zur Westspitze der Insel, der Punta de Jandía, und hinüber zur fast menschenleeren Nordwestküste von Jandía. Zwar genügt dafür eigentlich ein normaler Pkw, doch ein, zwei Abstecher erfordern einen Geländewagen, mit dem das Ganze auch mehr Spaß macht.

Auf der Landstraße umfährt man zunächst Morro Jable, oberhalb des Hafens zweigt dann die ausgeschilderte Piste ab. Sie führt über 20 km in einigem Abstand zur Küste durch eine pflanzenarme Halbwüste. Kurz vor dem Ziel, der schmal ins Meer vorspringenden und mit einem Leuchtturm gekrönten *Punta de Jandía*, liegt das Dörfchen *Puerto de la Cruz* [122 A2]. Drei Kneipen bieten frische Fischgerichte.

Von Puerto de la Cruz aus bietet sich noch ein Abstecher an: Gegenüber vom Lokal *Punta Jandía* zweigt eine schmale Asphaltstraße nach Norden zur nahen *Punta Pesebre* [122 A1] ab. Rechts der Straße erkennt man eine parallel verlaufende alte Landebahn.

Fahren Sie nun zurück bis zu jener Abzweigung, von der man über eine Passstraße zur Nordküste nach Cofete gelangt. Bald erreicht man am *Roque del Moro* das schönste Aussichtsplateau des Inselsüdens (Passen Sie auf, dass Ihnen der heftige Wind nichts aus dem offenen Wagen oder die Mütze vom Kopf reißt!). Unten dehnt sich der helle Sandstrand der *Playa de Cofete* [122 A–B 4–5], die im Osten von El Islote, dem „Inselchen", begrenzt wird. Dahinter wird der ebenso weitläufige Strand *Playa de Barlovento* sichtbar, und bei guter Sicht schweift der Blick sogar weit nach Nordosten bis zu den Bergen bei Pájara. Von den Stränden schwingen sich die Hänge ohne Unterbrechung hinauf bis zum *Pico de Jandía* (auch Pico de la Zarza), dem mit 807 m höchsten Berg der Insel. Abseits des nun folgenden Pistenstücks stehen große, kandelaberförmige Pflanzen, die Kakteen ähneln. Diese *Cardón de Jandía* genannte Unterart der Säuleneuphorbien zählt zu den botanischen Raritäten der Insel.

Die genügsamen Ziegen sind auf Fuerteventura allgegenwärtig

Der nächste Ort ist *Cofete* [122 A5], eine Ansammlung von einfachen Häusern und Bretterbuden ohne fließend Wasser und mit eigenen Generatoren für die Stromversorgung. Nur wenige Menschen wohnen hier, sie leben von der Ziegenhaltung. Die Bar *Cofete,* bei der die Jeepsafaris Station machen, serviert auch Fischgerichte.

Vom Parkplatz aus erkennt man am Hang voraus ein einsam liegendes, zweigeschossiges Gebäude mit rundem Turm: Das ist die legendenumwobene *Villa Winter* [122 B5]. Sie ist nur per Jeep oder zu Fuß zu erreichen. Wie es heißt, sollte der deutsche Ingenieur Gustav Winter (1893 bis 1971), der 1937 die Halbinsel gepachtet hatte, hier für die deutsche Marine einen U-Boot-Stützpunkt anlegen. Zwei Inseldeutsche haben unterdessen durch langjährige Archivstudien und Befragung von Zeitzeugen gezeigt, dass diese Geschichte ebensowenig stimmt wie andere Märchen, die sich um das alte Gemäuer ranken (das „Fuerte Fan Magazin" veröffentlichte die Forschungsergebnisse 2005–07). Das Gebäude wurde übrigens nie fertig gestellt und war nie regulär bewohnt. Unter Franco ging jedoch die ganze Halbinsel in „Don Gustavos" Eigentum über; Winter herrschte über seine riesige Hacienda wie ein Feudalherr. In vier Parzellen aufgeteilt, wurde sie bis 1964 verkauft. Die Villa wird heute von Ziegenhirten bewohnt. Eine reguläre Besichtigung ist nicht möglich, ein Handgeld hilft jedoch die Türen öffnen. Viel Geheimnisvolles gibt's aber nicht zu entdecken.

Kakteenvielfalt auf schwarzer Lavaerde

Von einer Weiterfahrt entlang der endlosen Sandstrände sollten Sie absehen: Das Querfeldeinfahren ist im Naturpark verboten, und wer geschnappt wird, zahlt eine empfindliche Geldstrafe. Die gesamte Fahrzeit für den Ausflug ab Morro Jable über das Westkap, Cofete und zurück liegt ohne Abstecher und Rastzeiten bei drei Stunden. Alles in allem sollten Sie fünf Stunden einplanen.

Nach Cofete können Sie auch wandern: über einen alten Königsweg. Insider Tipp Fahren Sie dazu 3,2 km vom Beginn der Piste beim Hafen bis zum *Grande Valle*, wo Sie an einem Parkplatz (Schild: „Red de Caminos de Pájara …") auf Schusters Rappen umsteigen. Gehen Sie geradeaus das Tal aufwärts. Der Weg wurde neu hergerichtet, und Sie können sich nicht verlaufen. Hin und zurück braucht man jeweils zwei Stunden. Vom Bergsattel aus haben Sie einen tollen Blick.

> DURCH DAS LAND DER MAJOREROS

Mit dem Leihwagen und zu Fuß die Insel erkunden

Die Touren sind auf dem hinteren Umschlag und im Reiseatlas grün markiert

1 HÖHEPUNKTE DES NORDENS: LAVA, DÖRFER, DÜNEN

Die Rundfahrt führt durch Lavageröll und Dünen, zum heiligen Berg Tindaya an die schroffe Westküste und in die Inselhauptstadt. Ein Freilichtmuseum bietet Einblicke ins Leben der Majoreros, der alteingesessenen Insulaner. 135 km, 7 Std.

Die Fahrt verläuft zunächst von der westlichen Umgehung **Corralejos** *(S. 31)* aus über eine kurvige Piste an einer kleinen Bucht und der Meerwasserentsalzungsanlage vorbei durch einen unwirtlichen, von Lavageröll übersäten Landstrich. Die Steinwüste *(Malpaís)* entstand durch die südlich aufragenden Vulkane bei der letzten Serie von Ausbrüchen vor 10000 bis 4000 Jahren. An manchen Stellen hat sich zwischen schwarzen Steinen weißer Sand angesammelt, ein merkwürdiger Kontrast. In **Majanicho** zweigt nach Süden eine breite Piste

Bild: Felsküste bei Puerto de la Peña/Ajuy

AUSFLÜGE & TOUREN

ab, über die man bald **Lajares** *(S. 41)* erreicht, ein Zentrum des Kunsthandwerks. Biegen Sie am Kreisel rechts auf die alte Landstraße nach Cotillo ein, die durch von Lavasteinen bedeckte alte Äcker führt.

Cotillo *(S. 39)* ist für seine Fischlokale bekannt. Vom südlichen Ortsrand mit Festungsturm, Kalköfen, neuem Hafen und Minipromenade aus gewinnen Sie einen ersten Eindruck von der rauen Westküste. Nun geht's über die FV 10 nach **Oliva** *(S. 42)*, Hauptstadt des Inselnordens mit dem größten Herrensitz der Insel und dem Centro de Arte Canario mit moderner Kunst. Von Oliva rückt dann Richtung Südwesten der rote **Montaña Tindaya**, der heilige Berg der Altkanarier, näher *(S. 44)*.

Von Tindaya auf der FV 10 weiter nach Süden passieren Sie die **Montaña Quemada** *(S. 45)* mit dem Standbild des Dichters Miguel de

Unamuno. Bald darauf zweigt nach rechts die FV 207 Richtung **Tefía** ab. In dieser bäuerlichen Streusiedlung lädt das interessante **Freilichtmuseum La Alcogida** *(S. 102)* zu einer längeren Rast ein.

Noch ein Stück nach Süden, dann biegen Sie rechts in die beschilderte Stichstraße nach Puertito de los Molinos ein. Rechter Hand, hinter einer restaurierten Mühle, befand sich der Flugplatz, auf dem 1950 die erste zivile Passagiermaschine landete. In der Siedlung Las Parcelas (5,9 km ab Landstraße) zweigt an einer Rechtskurve nach links eine Schotterpiste zum Stausee **Embalse de los Molinos** ab. Sein Damm, der größte der Insel (102 m lang, 42 m hoch), wurde in den 1940er-Jahren errichtet. Das Becken ist meist leer; den Zweck, Felder zu bewässern, konnte es nie erfüllen.

Nun retour und ans Meer, nach Insider Tipp *Puertito de los Molinos*, dem „kleinen Mühlenhafen". Dieses kleinste Fischerdorf der Insel ist ärmlich mit unbefestigten Wegen. Hinein gelangt man nur durch eine Furt oder über einen Fußsteg. Ein ganzjährig Wasser führender Barranco speist einen Ententeich, auf einem Platz steht ein Schrein der Mutter mit dem Kinde – mit seinem naiven Dekor echte Volkskunst der Fischer zu Ehren ihrer Schutzheiligen. Das Bar-Restaurant **Casa Pon** bietet Stärkung und eine Terrasse mit Seeblick. Vom kleinen Parkplatz vor dem Ort oder über den Strand erreicht man nach Süden einen Treppenpfad, der zu einem Aussichtspunkt auf dem Felsen führt: eine großartige Stelle, um einen Blick auf die raue Westküste zu werfen.

Zurück auf der Hauptstraße, geht es weiter Richtung Süden, dann über das Kirchdorf **Casillas del Ángel** *(S. 51)* mit schöner Dorfkirche nach

Typisches Bild: blühende Kakteen und Kolonialarchitektur bei Antigua

Puerto del Rosario *(S. 45),* wo sich ein kleiner Hauptstadtbummel lohnt.

Zurück geht's über die Küstenstraße FV 1, die an der Feriensiedlung *Parque Holandés* vorbei zum Höhepunkt der Rundfahrt, dem großartigen Dünengebiet **El Jable** *(S. 32),* und in der Fortsetzung wieder zurück nach Corralejo führt.

2 NACH BETANCURIA UND DURCHS BERGLAND

Durch das zentrale Bergland mit großartigen Aussichtspunkten führt diese Tour zu den kulturhistorisch bedeutsamsten Orten der Kanareninsel. 140 km, ca. 7 Std.

Von den Ferienzentren im Süden kommend, gelangen Sie durch die Tomatenanbauregion vor **Tuineje** *(S. 67)* zu diesem kleinsten der alten Hauptorte , in dessen Kirche Sie sich den Altar mit der Darstellung der Schlacht von Tamacite anschauen können. Im nördlich gelegenen *Tiscamanita* besichtigen Sie das **Mühlenmuseum** *(S. 67).* Wer einen Jeep hat, fährt zuvor an der Bar *Tio Pepe* rechts ab und über die Piste 3,8 km nach Osten (an einer Gabelung links). 400 m hinter einer Hochspannungsleitung rechts ab, und Sie erreichen den Rand des **Malpaís Grande**. Die Fahrt endet auf halber Höhe des Vulkankegels **Caldera de la Laguna** (Abbau von Vulkanasche) mit weitem Inselpanorama. Die dunkle Masse der Lavafelder – das große rechts ist das **Malpaís Chico** – sticht von dem helleren älteren Land deutlich ab. Weiter geht's nach **Antigua** *(S. 53)* mit dem kanarischen Handwerks- und Ausstellungszentrum nördlich der Stadt. Von Antigua führt die FV 416 zunächst noch durch die Ebene, dann steil bergauf. Von der Passhöhe des **Tegú** aus hat man einen tollen Blick über den Nordteil der Insel *(S. 58).* Nun geht's steil hinab nach **Betancuria** *(S. 56).* Die einstige Hauptstadt ist mit Klosterruine, Kirche, Museen und viel Kunsthandwerk das wichtigste Reiseziel im Inselinneren. Hier können Sie in der schönen **Casa Santa María** speisen. Weiter nach Süden gelangt man zur Palmenoase **Vega de Río de las Palmas** *(S. 58),* wo sich eine Wanderung in die Felsschlucht des **Barranco de las Peñitas** anbietet *(S. 59).* Per Auto geht es nun wieder steil aufwärts bis zur nächsten Passhöhe mit einem großartigen Blick auf die Berge und in die Täler. Die folgende Talfahrt gen Süden endet in **Pájara** *(S. 63),* das für seine Kirche mit ihrem mexikanischen Portal und prächtigen Altären bekannt ist. Man verlässt den Ort auf der FV 605, nimmt dann die Stichstraße FV 621, die an einem palmenbestandenen Tal entlang zum Fischerdorf **Ajuy/Puerto de la Peña** *(S. 64)* führt. Vom schwarzen Strand aus (mit Strandbar) erreichen Sie in wenigen Gehminuten vom Meer ausgewaschene Höhlen.

Wieder zurück auf der FV 605 (rechts ab) führt der Weg durch ein fast menschenleeres Bergland. Von der Passhöhe am Berg **Tablada** aus reicht der Blick bei nicht zu starkem Dunst weit die Küste der Halbinsel Jandía entlang. Hier lohnt es sich, die östlich (links) der Straße gelegene Anhöhe zu besteigen. Bei sinkender Sonne verändert das Gestein seine Färbung zusehends.

EIN TAG AUF FUERTEVENTURA

Action pur und einmalige Erlebnisse.
Gehen Sie auf Tour mit unserem Szene-Scout

7:00 SUN SALUTATION

Der Tag beginnt mit einer Sonnenaufgangs-Meditation. Beim Hata-Yoga durchströmt belebende Energie die Muskeln, in der End-Relaxation entspannen sich Körper und Geist und vereinen sich mit dem Klang der Wellen. 25 Euro für 1,5 Stunden. **WO?** *Strand von El Cotillo | Tel. 617 90 25 36 | www.rootstylecamp.com*

9:00 FRENCH BAKERY

Zeit für ein feines Frühstück in der neuen französischen Bäckerei *Goloso* in El Cotillo. Fruchttörtchen, Croissants und Nussbrot sorgen für einen delikaten Start in den Tag. **WO?** *Tel. 928 53 86 68 Calle León y Castillo, am nördlichen Ortsrand | tgl. 8–14 Uhr*

10:00 INSEL-HOPPING

Vom Yachthafen Corralejo geht es in 20 Minuten per Fähre auf das Mini-Eiland Los Lobos (Abfahrtszeiten unter *www.corralejograndesplayas.com*). Robinson-Crusoe-Feeling ist garantiert: Die Insel ist unbewohnt und so klein, dass man sie zu Fuß entdecken kann. Ein Rundgang zum Leuchtturm macht Platz für den Lunch im Fischrestaurant *Chiringuito* in El Puertito. Zurück aufs Festland geht's um 13 Uhr. **WO?** *Chiringuito/Casa Antoñito | Tel. 928 17 53 57*

14:30 KAMELSAFARI

Nach der Robinsonade auf Lobos geht's mit dem Mietwagen in einer Stunde in den Süden nach La Lajita. Der *Oasis Park* kombiniert botanischen Garten und Zoo, eines der Highlights ist die Kamelsafari durch Palmenhaine auf den Berg von La Lajita, wo sich ein spektakulärer Blick auf die Küste mit ihren weißen Sandstränden eröffnet (8 Euro/Person). **WO?** *Tel. 902 40 04 34 | www.lajitaoasispark.com*

24 h

TAUCHGANG IM U-BOOT

16:00

Tausche Kamelrücken gegen U-Boot! Das *Subcat Submarine* in Morro Jable taucht bis zu 30 Meter in die fischreichen, klaren Gewässer und Riffs im Süden der Insel. Ein beliebtes Tauchgebiet, das man auch ganz ohne Luftanhalten erleben kann! (55 Euro/Person; Fahrtzeit: 20 Min.; Di–Sa) **WO?** *Tel. 928 16 63 92/93 | www.subcat-fuerteventura.com*

17:30

SUNDOWN-SURFEN

Wieder aufgetaucht? Zeit für einen Spezial-Sonnenuntergang! Wenn die Sonne am Horizont versinkt, hat das Wellenreiten einen ganz besonderen Kick. Die Bretter für den Sundownsurf gibt es bei der *Cowabunga Surfschool*, Brettmiete ca. 10 Euro. **WO?** *Bucht von La Pared | Tel. 928 54 91 22 | www.cowabunga.de*

FEUERSCHEIN AN DER WESTKÜSTE

19:30

Der Magen knurrt, die Nacht ist angebrochen – ideale Bedingungen für ein Lagerfeuer an der wilden Westküste. Anda Caliman erzählt dazu Geschichten und Anekdoten. Der professionelle Fuerte-Guide kennt jeden Stein auf der Insel! Ca. 30 Euro pro Person inklusive Essen und Trinken. **WO?** *Tel. 686 08 84 93 | www.fuertescout.com*

24:00

IN-DISCO CAMELOT

Genug gechillt, jetzt geht's zum Abtanzen in neorustikalem Ritterambiente! Das *Camelot* in der Hauptstadt Puerto del Rosario ist einer der angesagtesten Schuppen Fuerteventuras. Dancefloor und Soul zwischen Ritterrüstungen und Hellebarden bis 6 Uhr morgens. **WO?** *Tel. 928 85 93 45 | Calle León y Castillo 12 | Puerto del Rosario*

> IN, UNTER, AUF DEM WASSER

Die Insel ist ein Ziel für Surfer, Taucher, Schwimmer – doch auch wer Fahrrad fahren, Tennis spielen, reiten oder wandern will, kommt auf seine Kosten

> Zwei Wochen lang faul am Strand liegen und sich von der Sonne grillen lassen? Dafür ist Fuerteventura dank eines reichen Sportangebots eigentlich zu schade. Am beliebtesten sind natürlich alle Arten von Wassersport, wobei Windsurfen wegen der guten Voraussetzungen der Passatwindzone obenan steht. Aber auch weniger Sportliche finden passende Angebote. Wo der folgende Überblick auf detaillierte Adressen verzichtet, finden Sie diese vorn im Band unter den einzelnen Orten. „In allen großen Ferienzentren" bedeutet: in Corralejo, Caleta de Fuste, Costa Calma/La Pared und Jandía Playa/Morro Jable.

ANGELN

Angeln ist rings um die Insel ohne Angelschein gestattet, ob von der Mole oder von der Felsklippe aus. Das nötige Gerät kann man günstig in Puerto del Rosario oder Corralejo kaufen. Als Köder dienen Calamares,

SPORT & AKTIVITÄTEN

Gambas oder kleine Krebse, die auf den Felsen leben. Für die geangelten Fische sind Mindestgrößen vorgeschrieben. Aufregender ist Hochseeangeln. Von Corralejo oder von Morro Jable aus kann man dazu an organisierten Bootstouren teilnehmen. Die Ausrüstung wird gestellt.

FAHRRAD & MOTORRAD

Radfahren hat sich zu einem Trendsport entwickelt. Verleiher gibt's derzeit in Corralejo, Costa Calma und Jandía Playa. Von allen großen Ferienzentren aus lassen sich organisierte Mountainbiketouren in verschiedenen Schwierigkeitsgraden buchen; die meisten sind nicht allzu anstrengend: Bergauf geht es Huckepack mit Motorkraft, dann auf zwei Rädern über Stock und Stein nur noch talwärts. Wenn Sie lieber auf eigene Faust über die Insel strampeln wollen, meiden Sie, so gut es geht, die Hauptstraßen; die sind oft schmal und haben keine Fahrradwege.

Auch Motorräder und Motorradtouren mit Enduros oder – besonders en vogue – mit Vierradmotorrädern (Quads) werden in allen großen Ferienzentren angeboten. Im Süden wenden Sie sich an *Sahara Sports* (Morro Jable); auch in Tarajalejo findet sich eine einschlägige Adresse.

GOLF

Das Golfzeitalter auf der Insel begann 2002, als der 18-Loch-Platz bei Caleta de Fuste in Betrieb ging (Par 70, mit Abschlagplatz, Putting Green etc., *Tel. 928 16 00 34*). Inzwischen sind fünf weitere Plätze teils im Bau, teils schon fertig: einer in Caleta de Fuste (gleich neben dem ersten), zwei bei Corralejo, einer bei Las Playitas (zum Playitas Grand Resort gehörig) sowie ein sehr versteckt gelegener in Jandía Playa mit dem Hotel Jandia Golf. Die bestehende *Golfakademie* in La Pared ergänzt diese Angebote: Hier kann man Golf spielen lernen. Es gibt einen Sechs-Loch-Platz, eine Abschlag- und eine Zielgolfanlage *(Tel. 928 54 91 03)*. Auch Ferienclubs und einige Hotels sowie das *Baku* in Corralejo bieten Abschlagplätze und Putting Greens an.

JET-, WASSERSKI & BANANENBOOT

Die zweisitzigen Jetskier sind schwimmende Motorräder und machen auch den gleichen Lärm. Mit rund 40 Euro für 20 Min. ist der schnelle Ritt übers Wasser kein billiges Vergnügen. Am besten ist das Geld bei einem Jetski-Ausflug angelegt, wie er am Hafen von Morro Jable angeboten wird. Wer Jetskier verleiht, hat meist auch ein Bananenboot parat: ein gekrümmtes gelbes Gebilde, auf dem mehrere Personen rittlings Platz nehmen und das dann von einem Motorboot übers Wasser gezogen wird. Jetskistationen gibt es derzeit in Corralejo, Costa Calma, Caleta de Fuste und in Jandía Playa. Die meisten bieten auch Wasserski an.

REITEN

Derzeit ist das Feld der Anbieter etwas geschrumpft. Die beste Wahl ist der deutsche Reitstall *Rancho* bei La Pared *(S. 77)*. Die von dort möglichen Ausritte über offenes Gelände an der wilden Westküste geben das rechte Gefühl von Fuerteventura-Freiheit *(Tel. 619 27 53 89 und 928 17 41 51)*.

Insi Ti

SEGELN

Segeln lernen auf Katamaranen können Sie am *Club Aldiana* bei Jandía Playa, an den *Robinson Clubs* von Esquinzo und Jandía Playa und in Las Playitas. Wollen Sie auf Segeltörns nur ausspannen, finden Sie in Corralejo, Morro Jable/Jandía Playa und in Caleta de Fustes Angebote auf großen Katamaranen. Für Skipper: Yachthäfen existieren in Caleta de Fustes, Corralejo und Morro Jable.

TAUCHEN

★ Die Meerenge El Río bei Corralejo, das Muränenriff vor Jandía Playa und etliche andere Stellen rund um die Insel machen Fuerteventura mit ihren Lavaformationen und dem Fischreichtum zu einem der besten Tauchreviere der Kanaren. Tauchschulen finden Sie daher in allen großen Ferienzentren sowie in Las Playitas. Um Tauchen zu lernen, brauchen Sie ein ärztliches Gesundheitszeugnis; viele ortsansässige Ärzte sind aber darauf eingestellt.

TENNIS

Gute Hotels und Clubs verfügen über normgerechte, windgeschützte Kunstrasen- bzw. Sandplätze; zuweilen gibt's aber nur Zementboden, oder der Windschutz ist nicht ausreichend. Unterricht in diversen Hotels inselweit bietet *Matchpoint Sports (Tel. 639 31 36 64 | www.mp-sports.de)*.

WANDERN

Für alle, die Interesse an der Natur und der traditionellen Lebensweise der Insulaner mitbringen, wartet das Binnenland mit einer Fülle von Überraschungen auf. Der Weg durch den Barranco de las Peñitas ist bei Vega de Río de las Palmas ausführlich beschrieben, sodass man ihn auf eigene Faust bewältigen kann. Richtig spannend wird es auf ★ *geführten Inselwanderungen*, wie sie einige inselbegeisterte Deutsche anbieten. *Buchung über die Reiseleitungen der Hotels; Auskunft und Buchung auch über Tel. 608 92 83 80*

WINDSURFEN & SURFEN

★ Windsurfen ist der führende Wassersport auf der Insel. Die Wind- und Wasserverhältnisse sind ideal, wobei der stärkste Wind im Sommer weht. Die geringsten Windgeschwindigkeiten – mit gelegentlichen Flauten – herrschen von November bis Januar. Ob Anfänger, Fortgeschrittene oder Cracks: Auf Fuerteventura finden alle ihr passendes Plätzchen.

Im Wasser warten nicht nur Fische

Die wichtigsten Spots sind die Playas de Sotavento an der Halbinsel Jandía, die Gegend bei Corralejo und – nur für Könner – die Strände bei El Cotillo. Surfschulen und Ausrüstungsverleiher finden Sie in allen großen Ferienzentren.

Insider Tipp

Trendsport ist Drachensurfen; er wird am Dünenstrand von Corralejo sowie an der Playa Barca im Süden betrieben. Dabei lässt man sich, auf einem Surfbrett stehend, von einem Lenkdrachen übers Wasser ziehen.

Echtes Surfen, also Wellenreiten, ist an der Westküste möglich. Wenden Sie sich am besten an die Anbieter in Corralejo *(z.B. Quicksilver | Tel. 928 86 73 07)* oder in Costa Calma/La Pared *(Cowabunga | Tel. 619 80 44 47)*.

> SONNE, SAND UND MEHR

Fuerteventura bietet nicht nur Strandvergnügen – auch beim Gokartfahren oder Kamelreiten, im Zoo oder im Aquarium haben Kinder ihren Spaß

> Die Möglichkeiten, mit Kindern nahezu aller Altersstufen Schönes zu erleben und Spannendes zu unternehmen, sind auf Fuerteventura sehr zahlreich. Obendrein sind die meisten Hotels, Apartment- und Bungalowanlagen auf Familien mit Kindern eingestellt. Dabei reicht das Spektrum vom preisgünstigen Apartment für kostenbewusste Selbstversorger bis zum Cluburlaub, bei dem eine professionelle Kinderanimation den Eltern (fast) alle Programmsorgen abnimmt.

Für Kinder rangiert das Naturerlebnis auf der Insel meist ganz oben. An Orten wie Puertito de los Molinos, wo man gute Aussichtspunkte an der Felsküste findet, ist schon das Brodeln der Brandung und das Gischten der Wogen ein grandioses Schauspiel. Die tollen Strände und das Bad im Meer wissen ohnehin alle zu schätzen – ein Vergnügen, das obendrein kostenlos ist. Dazu aber eine Warnung: Fahren Sie mit Vorschulkin-

MIT KINDERN REISEN

dern besser nicht im Frühjahr oder im Sommer auf die Insel. Der dann oft stürmische Wind wirbelt so viel Sand auf, dass der Strandaufenthalt für Kleinkinder unerträglich werden kann. Auch die starke Sonneneinstrahlung um diese Jahreszeit ist für die ganz Kleinen nicht das Richtige.

Mit Kindern sollten Sie den Süden der Insel oder Caleta de Fuste vorziehen, wo das Baden ganzjährig ungefährlich ist. Unter dem Gesichtspunkt der Kinderfreundlichkeit überragt bei den Unterkünften das *Stella Dunas Resort* in Jandía Playa die gesamte Konkurrenz, da die große, schattige Anlage mitsamt Hotelzoo besonders viel bietet. In Caleta de Fuste ist der *Barceló Club El Castillo* erste Wahl, da man vorwiegend zu ebener Erde mit Terrasse wohnt und die Kinderbetreuung sehr gut ist. Aber natürlich kommen auch viele andere Herbergen auf der Insel in Frage.

Ein Angebot vieler Tauschulen ist *Kindertauchen*. Zuvor ist Schwimmunterricht fällig. Angebote dazu gibt es in Corralejo und in Morro Jable/Jandía Playa. *Trampolinspringen* kann man in Corralejo (neben der Cepsa-Tankstelle am oberen Teil der Hauptstraße) und in Caleta de Fustes (am Spielplatz). *Minigolfanlagen* bieten Corralejo (auf dem Dach des Einkaufszentrums Plaza an der Hauptstraße) sowie mehrere große Hotels wie das *Stella Dunas Resort* und das *Faro Jandia* in Jandía Playa (auch für Nichtgäste) oder das *Barceló Fuerteventura* in Caleta de Fustes.

DER NORDEN

BOOTSAUSFLÜGE UND OCEANARIUM [117 E1]

Die Unterwasserfenster des Motorkatamarans „Celia Cruz“ bieten auf Törns ab Corralejo Einblicke in die Unterwasserwelt. Während der Fahrt ist zwar nicht viel zu erkennen, wenn das Boot dann aber still liegt und die Fische gefüttert werden, wird's richtig schön *(ab 16 Euro | Kinder 8 Euro)*.

Von Caleta de Fustes aus leistet das Halb-U-Boot „Nautilus“ das Gleiche. Das *Oceanarium* im Hafen zeigt zudem viele Fische aus der Nähe *(20 Euro | Kinder 10 Euro)*. Bis zu 30 m tief taucht man mit dem U-Boot „Sub Cat“ ab Morro Jable.

FREILICHTMUSEUM LA ALCOGIDA [120 B2]

Das „Ökomuseum“ in Tefía ist das größte Freilichtmuseum der Insel. Es besteht aus sieben restaurierten Bauernhöfen. Historisch eingerichtete Wohnräume zeigen, wie ein Haushalt vor etwa hundert Jahren aussah. In einem Kinosaal laufen Filme, die alte Bäuerinnen und Bauern u.a. beim Brotbacken und Färben zeigen. In einem anderen Hof wurden Werkstätten originalgetreu eingerichtet. Kindern macht die *Casa Señor Teodosio* am meisten Spaß, wo es eine Gofio-

Tierische Bewohner des Freilichtmuseums La Alcogida

mühle gibt, die von Zugtieren oder von menschlicher Muskelkraft betrieben wird. Versuchen Sie mal, den Göpel einen vollen Kreis herumzubewegen – danach können Sie ermessen, wie viel Arbeit das Erzeugen von Nahrungsmitteln machte. Sehr informativ ist die schöne Audioführung *(audioguía | 3 Euro)*. Parkplatz und Kasse liegen westlich der Straße. *Di–Sa 10–18 Uhr | am südlichen Ortsende | Eintritt 4,20 Euro*

REPTILARIUM GECKO [117 E1]

Nur eine kleine Schau ist es, und für kleine Kinder sind die Terrarien etwas zu hoch, aber die größeren können beim Suchspiel mitmachen: Wo sitzt die Echse? Viele sind nämlich gut getarnt. Zwei Dutzend Arten sind zu sehen, u. a. auch Schlangen, Spinnen und Schildkröten. *Tgl. 11–22 Uhr | Eintritt 5 Euro | Corralejo | CC Plaza, neben dem Rock Café an der Hauptstraße*

DIE MITTE

GOKARTBAHN OCIOS DEL SUR [124 A2]

Es gibt drei Rundkurse von 125, 500 und 1500 m Länge, dazu für die Erholungspause eine Cafeteria. *Tgl. 10 bis 19, im Sommer 10–20 Uhr | 10 Min. 15 Euro, Jugendliche 10 Euro, Kinder 7 Euro | Zufahrt über die von Süden nach Cardón führende FV 618 (Wegweiser „Karting" nach links)*

OASIS PARK [123 F4]

Schimpansen, Otter, Kängurus, ein Nilpferd, Strauße, Marabus, Flamingos, Giraffen und andere Tiere mehr machen nur einen Teil der Attraktionen dieser großartigen Anlage aus.

Zum Karneval werden auch die Kinder phantasievoll herausgeputzt

Keinesfalls darf man die zum Teil possenreich inszenierten Shows mit Reptilien, Papageien, Seelöwen und Greifvögeln versäumen. Kinderspielplatz und ein Kinderbauernhof. *Tgl. 9–18 Uhr | Eintritt 18 Euro, Kinder 9 Euro | an der FV 2 bei La Lajita*

Zum Zoo gehört auch die an der Landstraße gegenüber liegende Kamelstation. Ein Ausritt auf den Dromedaren (Insider Tipp) in der Karawane ist ein schwankender Spaß für alle. *8 Euro, Kinder 4 Euro*

WANDERUNG VON AJUY ZUR CALETA NEGRA [118 C4]

Für ältere Kinder (ab ca. 8 Jahre) eignet sich die kleine Wanderung zu den „Piratenhöhlen" (siehe „Die Mitte" unter Pájara).

> VON ANREISE BIS ZOLL

Urlaub von Anfang bis Ende: die wichtigsten Adressen und Informationen für Ihre Fuerteventura-Reise

ANREISE

FLUGZEUG

Immer direkt und meistens nonstop fliegen Condor, TUIfly, LTU und andere Chartergesellschaften ab Berlin, Bremen, Dortmund, Dresden, Düsseldorf, Erfurt, Frankfurt/M., Friedrichshafen, Hamburg, Hannover, Karlsruhe, Köln, Leipzig, München, Münster/Osnabrück, Nürnberg, Paderborn, Saarbrücken und Stuttgart, ferner ab Luxemburg, Basel, Zürich, Linz und Wien. Der Flug dauert vier bis fünf Stunden. Ein „Campingflug" – also ohne Hotelbuchung – z.B. ab Düsseldorf kostet 200–500 Euro (hin und zurück) je nach Saison. Allerdings bekommt man eine Woche Inselurlaub im Pauschalarrangement inklusive Flug zum Teil schon für unter 400 Euro. Per Linie ist die Insel nur mit Umsteigen (meist über Gran Canaria) zu erreichen. Selbst vom spanischen Festland aus werden nur wenige Direktflüge angeboten.

Auf Fuerteventura ist der Transport vom Flughafen zur Ferienherberge meist im Arrangement enthalten. Am Flughafen sind zudem viele Autovermieter mit Schaltern vertreten. Ihren Mietwagen finden Sie dann auf einem der nummerierten Plätze am rechten (nördlichen) Ende des Flughafenparkplatzes.

SCHIFF

Fährpassagen gibt es einmal wöchentlich ab Cádiz in Südspanien. Die Überfahrt führt über Las Palmas (Gran Canaria) – dort muss man auf die Fähre nach Morro Jable umsteigen – und dauert bis Fuerteventura zwei Tage und zwei Nächte. Pro Strecke muss man für zwei Personen plus Pkw mit rund 900 Euro rechnen. Demgegenüber ist ein Charterflug plus Mietwagen deutlich günstiger und spart viel Zeit. Auskunft und Buchung der Schiffspassagen über Reisebüros oder direkt: *trasmediterranea.es* bzw. *www.navieraarmas.com*.

AUSKUNFT

SPANISCHE FREMDENVERKEHRSÄMTER

– Kurfürstendamm 63 | 10707 Berlin | Tel. 030/882 65 43 | Fax 882 66 61 | berlin@tourspain.es

– Grafenberger Allee 100 | 40237 Düsseldorf | Tel. 0211/680 39 81 | Fax 680 39 85 | dusseldorf@tourspain.es

– Myliusstr. 14 | 60323 Frankfurt a. M. | Tel. 069/72 50 38 | Fax 72 53 13 | frankfurt@tourspain.es

– Schubertstr. 10 | 80336 München | Tel. 089/530 74 60 | Fax. 53 07 46 20 | munich@tourspain.es

– Walfischgasse 8 | 1010 Wien | Tel. 01/512 95 80 | Fax 512 95 81 | viena@tourspain.es

– Seefeldstr. 19 | 8008 Zürich | Tel. 044/253 60 50 | Fax 252 62 04 | zurich@tourspain.es

AUF FUERTEVENTURA:

Patronato de Turismo, Avda. Marítima (gegenüber der Mole) | Puerto

del Rosario | Tel. 928 53 08 44 | Fax 928 85 16 95 | www.fuerteventuraturismo.com

AUTO & MIETWAGEN

Anschnallpflicht, Promillegrenze 0,25, Tempolimit für Pkw innerorts 50 km/h, auf Landstraßen 90 km/h. Ein internationaler Führerschein ist nicht nötig. Bei Mietwagen gibt es ein großes Angebot in allen Ferienzentren und am Flughafen. Günstig sind Dreitages- und Wochentarife. Ein Kleinwagen ist etwa ab 160 Euro die Woche, ein Geländewagen für rund 60 Euro pro Tag zu haben. Vergewissern Sie sich, dass neben einer unbegrenzten Kilometerzahl auch Vollkasko- und Insassenversicherung im Preis inbegriffen sind. Das Mindestalter für Mietwagenfahrer beträgt 21 (bei manchen Firmen 23) Jahre. In der Hauptsaison ist die Vorausbuchung empfehlenswert. Für normale Inselrundfahrten ist kein Jeep notwendig, die Mietverträge für normale Pkws untersagen aber meist das Fahren abseits befestigter Straßen.

BANKEN & KREDITKARTEN

Banken sind werktags meist 8.30 bis 14 Uhr, samstags bis 12.30 oder 13 Uhr geöffnet. Per EC- oder Kreditkarte gibt's Bargeld aus Geldautomaten (deutschsprachige Benutzerführung wählbar).

Die gängigen Kreditkarten werden von vielen Banken, Hotels und Autovermietern sowie in manchen Läden und Restaurants akzeptiert.

BUSSE

17 Linien verbinden alle größeren Orte. Touristisch relevant sind die Linien 1 und 10 (Morro Jable/Costa Calma–Hauptstadt, meist stündlich), 3 (Caleta de Fuste–Hauptstadt, meist halbstündlich), 5 (Morro Jable–Costa Calma, meist stündlich), 6 (Corralejo –Hauptstadt, meist halbstündlich), 7 (Cotillo–Hauptstadt, dreimal täglich), 8 (Corralejo–Cotillo, meist zweistündlich) und 25 (Morro Jable/Costa Calma–Oasis Park, meist stündlich). 3 und 10 halten am Flughafen.

CAMPING

Die offiziellen Zeltplätze verfügen über keine Installationen (Toiletten, Wasser). Ihre Benutzung erfordert eine Anmeldung im Rathaus der jeweiligen Gemeinde und das Hinterlegen einer Kaution. Zeltdauer in Naturschutzgebieten maximal 7 Tage.

> WAS KOSTET WIE VIEL?

> KAMELRITT	**8 EURO** Kinder 4 Euro
> KAFFEE	**1,50 EURO** für eine Tasse Milchkaffee
> MIETWAGEN	**AB 70 EURO** für drei Tage
> WINDSURFEN	**150 EURO** für einen Grundkurs
> BENZIN	**0,70 EURO** für einen Liter Super
> INSELRUNDFAHRT	**50 EURO** mit Bus und Reiseleitung

DIPLOMATISCHE VERTRETUNGEN

Die zuständigen Konsulate befinden sich auf Gran Canaria:

KONSULAT DER BUNDESREPUBLIK DEUTSCHLAND
Calle Albareda 3–2° | Las Palmas | Tel. 928 49 18 80

KONSULAT DER REPUBLIK ÖSTERREICH
Hotel Eugenia Victoria | Avda. de Gran Canaria 26 | Playa del Inglés | Tel. 928 76 25 00

BOTSCHAFT DER SCHWEIZ
Calle de Núñez de Balboa 35 A, 7.° | Madrid | Tel. 914 36 39 60

EINREISE

Für Deutsche, Österreicher und Schweizer genügt der Personalausweis. Keine Ausweiskontrolle bei Einreise aus Schengen-Staaten.

FÄHRVERBINDUNGEN

Zwei Reedereien bieten ab Corralejo nach Lanzarote/Playa Blanca tgl. bis zu 14 Überfahrten (Fahrzeit 25 Minuten, Preis pro Strecke ab 16 Euro, Autotransport ab 17,80 Euro). Auskunft und Reservierung: *Líneas Fred Olsen | Tel. 902 10 01 07 | www.fredolsen.es; Naviera Armas | Tel. 902 45 65 00 | www.navieraarmas.com*

Eine Autofähre der Reederei Naviera Armas verkehrt täglich von Morro Jable nach Las Palmas de

Gran Canaria (Fahrzeit 3 Std.), einmal wöchtlich weiter nach Teneriffa. Zweimal wöchentlich ergänzt eine Autofähre von Puerto del Rosario nach Las Palmas den Fahrplan. Auch hier ist Naviera Armas die Reederei.

FKK

An Ortsstränden und im Umfeld von Gebäuden tabu, an vielen anderen Stränden üblich und toleriert.

FLUGVERBINDUNGEN

Täglich 14 Linienflüge nach Las Palmas auf Gran Canaria und sieben nach Teneriffa/Los Rodeos, mehrmals wöchentlich nach Madrid. Andere Kanarische Inseln werden nicht angeflogen. Buchung und Auskunft: *Binter (Tel. 902 39 13 92 | www.binternet.com)* bzw. *Islas Airways (Tel. 928 86 09 27 | www.islasairways.com)*. Sonstige Fluginformationen über *Flughafen-Tel. 902 40 47 04*.

GESUNDHEIT

ÄRZTE

Caleta de Fuste: Praxis Dr. Mager *(6 Ärzte) | Avda. Alcalde Fco. Berriel Jordán 10 | Tel. 928 16 37 31*
Corralejo: Dr. Christiane Sattel, *Avda. Nuestra Sra. del Carmen 13 (Hauptstraße | am Hotel Duna Park) | Tel. 928 53 64 32;* Zahnarzt Dr. Scharping | *Tel. 928 53 51 74 | Notruf 685 39 30 85 | Avda. Nuestra Sra. del Carmen 46 (neben der Apotheke)*
Costa Calma: Dr. Karola Simoni | *C. Entrasalas 4 (im Nordosten auf dem Berg) | Tel. 616 23 51 21*
Jandía Playa: Deutsche Gemeinschaftspraxis | *Hauptstraße (neben Hotel Faro) | Tel. 928 54 07 58*; deutsche Zahnärztin: Clínica dental | *Boulevar El Timón (unterhalb des Padilla) | Morro Jable | Tel. 928 16 65 09*

APOTHEKEN

Farmacias gibt es u.a. in allen großen Ferienzentren, in Puerto del Rosario und in Gran Tarajal.

INTERNET

Der ergiebigste deutsche Internetauftritt zu „Fuerte" ist *www.fuerteventura-infos.de* – eine Fundgrube an Informationen aller Art, dazu übersichtlich gegliedert: eine Liste fast aller Herbergen, Luftaufnahmen der Orte und Anlagen, Ortspläne, aktuelle Inselnachrichten sowie etliche Leserforen und vieles mehr. Persönlicher gehalten sind die Seiten von *www.fuerza.de*. Unter *www.isla-fuerteventura.de* findet man ein ergiebiges Forum und direkten Zugang zu den Webcams der Insel.

Auf Jeepsafari

INTERNETCAFÉS

Internetcafés gibt es in allen größeren Ferienzentren (eine Auswahl):

Caleta de Fuste: *am Chinarestaurant Slow Boat II | nördlich gegenüber vom Kinderspielplatz beim Straßenstern*
Corralejo: *Orange Project | am Anfang der Avda. de las Grandes Playas*
Costa Calma: *Beseeko, CC Internacional | neben der Tankstelle (Rückseite)*
Morro Jable/Jandía Playa: *Internetcafé Jandía*, im *Tiefgeschoss des CC Cosmo*

NOTRUF

Polizei *Tel. 091*, Krankenwagen *Tel. 061*. Unter *Tel. 112* können Sie Polizei und Feuerwehr in Deutsch kontaktieren. Bitten Sie ansonsten im Hotel um Hilfe.

ÖFFNUNGSZEITEN

Meist 9–13 und 16–20 Uhr, in den Ferienzentren vielfach auch am Wochenende.

POST

Postämter in Corralejo, Costa Calma, Gran Tarajal und Morro Jable *(Mo bis Sa vormittags)* sowie in Puerto del Rosario *(Mo–Fr 8.30–20.30 | Sa 9.30–13 Uhr)*. Briefmarken erhalten Sie auch an der Rezeption. Oft handelt es sich um Marken privater Postfirmen. Stecken Sie damit frankierte Post nicht in öffentliche Briefkästen, sondern geben Sie sie dort ab, wo Sie die Marken gekauft haben. Postkarten und Standardbriefe ins EU-Ausland und in die Schweiz kosten 57 Cent.

PREISE

Die Preise auf Fuerteventura sind generell mit denen in Deutschland vergleichbar. Ein einfaches Mittagessen im preisgünstigsten Lokal ist für 7 bis 8 Euro zu haben. Rechnen Sie aber für ein Abendessen im Restaurant eher mit 15 bis 25 Euro. Der Strandzugang ist überall gratis. Alkohol, Zigaretten und Benzin sind billiger als zu Hause.

RADIO & FERNSEHEN

In nahezu allen größeren Unterkünften werden deutsche Fernsehprogramme über das hauseigene Kabelnetz übertragen. Deutsche Hörfunknachrichten gibt es im Norden auf UKW 102,7 MHz, inselweit auf MW 747 KHz.

RAUCHEN

Per spanische Gesetzgeber hat das Rauchen in Gaststätten verboten, sofern ein separater Raucherraum fehlt. Viele Wirte nutzen aber eine Gesetzeslücke und erklären das ganze Lokal zum Raucherbereich. Achten Sie auf ein entsprechendes Schild am Eingang. „Prohibido fumar“ = Nichtraucher, „Permitido fumar“ oder „Fumadores“ = Raucherlokal.

REISEZEIT & KLEIDUNG

Saison ist das ganze Jahr. Die Luft- und Wassertemperaturen sind jedoch im Herbst am angenehmsten. Im Hochsommer kann die starke Sonnenstrahlung belasten. Von Januar bis April kann es kühl werden, auch die Wassertemperatur ist dann zum Baden nicht sehr angenehm. Hauptsaisonpreise gelten für Juli/August und um Weihnachten. Im August machen viele Restaurants Betriebsferien. Nehmen Sie immer lange Hose und Windjacke, im Winter und Frühjahr auch einen Pullover mit, denn die Abende sind meist frisch.

PRAKTISCHE HINWEISE

TAXI

Jedes Taxi führt eine offizielle Preisliste mit. Grundtarif: 2,21 Euro; über Land fallen etwa 40 Cent/km an.

TELEFON & HANDY

Münzfernsprecher sind zahlreich. Ins Ausland telefoniert man billiger aus Fernsprechläden *(locutorios)* oder mit *teletarjetas*, Karten mit aufzurubbelnder Geheimzahl, erhältlich ab 6 Euro; man kann sie an jedem Apparat außer an den älteren öffentlichen Telefonen verwenden.

Vorwahl nach Deutschland: 0049; nach Österreich: 0043; in die Schweiz: 0041; nach Spanien: 0034. Ihr Mobiltelefon wählt sich automatisch in ein spanisches Netz ein.

TRINKGELD

Bei Kellnern und Taxifahrern rundet man um 5–10 Prozent auf. Für Zimmermädchen werden 3 Euro zu Beginn empfohlen, dann alle vier, fünf Tage nach Leistung. Auch für andere Dienste ist Trinkgeld üblich.

WASSER

Trinkwasser wird in Plastikflaschen verkauft. Das Leitungswasser ist hygienisch zwar einwandfrei, sollte aber nicht getrunken werden.

ZEIT

Gegenüber MEZ ganzjährig 1 Std. zurück (zeitgleiche Umstellung auf Winter- bzw. Sommerzeit).

ZOLL

Die Kanaren sind Freihandelszone ohne Zollkontrolle. Bei der Einreise ins Heimatland gelten als Freimengen: 200 Zigaretten oder 100 Zigarillos oder 50 Zigarren oder 250 g Tabak, 1 l Alkohol mit mehr als 22 Vol.-% oder 2 l Wein, 50 g Parfum oder 0,25 l Eau de toilette.

WETTER AUF FUERTEVENTURA

	Jan.	Feb.	März	April	Mai	Juni	Juli	Aug.	Sept.	Okt.	Nov.	Dez.
Tagestemperaturen in °C	19	19	20	21	23	24	27	27	26	24	21	19
Nachttemperaturen in °C	12	12	13	13	15	16	18	19	18	17	15	13
Sonnenschein Std./Tag	6	7	8	8	9	9	10	10	8	7	6	6
Niederschlag Tage/Monat	3	2	1	1	1	0	0	0	0	1	3	3
Wassertemperaturen in °C	18	18	17	17	18	20	20	21	22	22	20	19

> ¿HABLAS ESPAÑOL?

„Sprichst du Spanisch?" Dieser Sprachführer hilft Ihnen, die wichtigsten Wörter und Sätze auf Spanisch zu sagen

Aussprache	
c	vor „e" und „i" spricht man auf den Kanaren wie ein „s"
ch	stimmloses „tsch" wie in „tschüss"
g	vor „e, i" wie deutsches „ch" in „Bach"
gue, gui/que, qui	das „u" ist immer stumm, wie deutsches „g"/„k"
j	immer wie deutsches „ch" in „Bach"
ll, y	wie deutsches „j" zwischen Vokalen. Bsp.: Mallorca
ñ	wie „gn" in „Champagner"

AUF EINEN BLICK

Ja./Nein.	Sí./No.
Vielleicht.	Quizás./Tal vez.
In Ordnung./Einverstanden!	¡De acuerdo!/¡Está bien!
Bitte./Danke.	Por favor./Gracias.
Vielen Dank!	Muchas gracias.
Gern geschehen.	No hay de qué./De nada.
Entschuldigung!	¡Perdón!
Wie bitte?	¿Cómo dice/dices?
Ich verstehe Sie/dich nicht.	No le/la/te entiendo.
Ich spreche nur wenig …	Hablo sólo un poco de …
Können Sie mir bitte helfen?	¿Puede usted ayudarme, por favor?
Ich möchte …	Quiero …/Quisiera …/ Me gustaría …
Das gefällt mir (nicht).	(No) me gusta.
Haben Sie …?	¿Tiene usted …?
Wie viel kostet es?	¿Cuánto cuesta?

KENNENLERNEN

Guten Morgen!	¡Buenos días!
Guten Tag!	¡Buenos días!/¡Buenas tardes!
Guten Abend!	¡Buenas tardes!/¡Buenas noches!
Hallo! Grüß dich!	¡Hola! ¿Qué tal?
Ich heiße …	Me llamo …
Wie ist Ihr Name, bitte?	¿Cómo se llama usted, por favor?
Wie geht es Ihnen/dir?	¿Cómo está usted?/¿Qué tal?
Danke. Und Ihnen/dir?	Bien, gracias. ¿Y usted/tú?
Auf Wiedersehen!/Tschüss!	¡Adiós!/¡Hasta luego!
Bis morgen!	¡Hasta mañana!

SPRACHFÜHRER SPANISCH

UNTERWEGS

AUSKUNFT

links/rechts	a la izquierda/a la derecha
geradeaus	todo seguido/derecho
nah/weit	cerca/lejos
Wie weit ist das?	¿A qué distancia está?
an der Ampel	al semáforo
an der nächsten Ecke	en la primera esquina
Bitte, wo ist …	Perdón, ¿dónde está …
… der Busbahnhof?	… la estación (de guaguas)?
… die Haltestelle?	… la parada?
Fahrplan	horario
Eine Fahrkarte nach … bitte.	Un billete para …, por favor.
Ich möchte hier aussteigen.	Quiero bajar aquí.
Ich möchte … mieten.	Quisiera alquilar …
… ein Auto …	… un coche.
… ein Boot …	… un barco.

PANNE

Ich habe eine Panne.	Tengo una avería.
Würden Sie mir bitte einen Abschleppwagen schicken?	¿Puede usted enviarme un cochegrúa, por favor?
Gibt es hier in der Nähe eine Werkstatt?	¿Hay algún taller por aquí cerca?

TANKSTELLE

Wo ist bitte die nächste Tankstelle?	¿Dónde está la gasolinera más cercana, por favor?
Ich möchte … Liter …	Quisiera … litros de …
… Normalbenzin.	… gasolina normal.
… Super./… Diesel.	… súper./… diesel.
Voll tanken, bitte.	Lleno, por favor.

UNFALL

Hilfe!	¡Ayuda! / ¡Socorro!
Achtung!	¡Atención!
Rufen Sie bitte schnell …	Llame enseguida …
… einen Krankenwagen.	… una ambulancia.
… die Polizei.	… a la policía.
… die Feuerwehr.	… a los bomberos.

Haben Sie Verbandszeug? | ¿Tiene usted botiquín de urgencia?
Es war meine Schuld. | Ha sido por mi culpa.
Es war Ihre Schuld. | Ha sido por su culpa.
Geben Sie mir bitte Ihren Namen und Ihre Anschrift. | ¿Puede usted darme su nombre y dirección?

ESSEN/UNTERHALTUNG

Wo gibt es hier …	¿Dónde hay por aquí cerca …
… ein gutes Restaurant?	… un buen restaurante?
… ein nicht zu teures Restaurant?	… un restaurante no demasiado caro?
Reservieren Sie uns bitte für heute Abend einen Tisch für vier Personen.	¿Puede reservarnos para esta noche una mesa para cuatro personas?
Die Speisekarte, bitte.	La carta, por favor.
Könnte ich bitte … haben?	¡Tráigame …, por favor!
… ein Messer?	… un cuchillo?
… eine Gabel?	… un tenedor?
… einen Löffel?	… una cuchara?
Auf Ihr Wohl!	¡Salud!
Bezahlen, bitte.	¡La cuenta, por favor!

EINKAUFEN

Wo finde ich …	Por favor, ¿dónde hay …
… eine Apotheke?	… una farmacia?
… eine Bäckerei?	… una panadería?
… ein Fotogeschäft?	… una tienda de artículos fotográficos?
… ein Einkaufszentrum?	… un centro comercial?
… ein Lebensmittelgeschäft?	… una tienda de comestibles?
… den Markt?	… el mercado?

ÜBERNACHTUNG

Können Sie mir bitte … empfehlen?	Perdón, señor/señora/señorita. ¿Podría usted recomendarme …
… ein Hotel …	… un hotel?
… eine Pension …	… una pensión?
Ich habe ein Zimmer reserviert.	He reservado una habitación.
Haben Sie noch …	¿Tienen ustedes …?
… ein Einzelzimmer?	… una habitación individual?
… ein Zweibettzimmer?	… una habitación doble?
… mit Dusche/Bad?	… con ducha/baño?
… für eine Nacht?	… para una noche?

... für eine Woche?	... para una semana?
... ein ruhiges Zimmer?	... una habitación tranquila?
Was kostet das Zimmer mit ...	¿Cuánto cuesta la habitación con ...
... Frühstück?	... desayuno?
... Halbpension?	... media pensión?

PRAKTISCHE INFORMATIONEN

ARZT

Können Sie mir einen guten Arzt empfehlen?	¿Puede usted indicarme un buen médico?
Ich habe hier Schmerzen.	Me duele aquí.
Ich habe ...	Tengo ...
... Kopfschmerzen.	... dolor de cabeza.
... Zahnschmerzen.	... dolor de muelas.
... Durchfall/Fieber.	... diarrea/fiebre.

POST

Was kostet ...	¿Cuánto cuesta ...
... ein Brief ...	... una carta ...
... eine Postkarte ...	... una postal ...
... nach Deutschland/ Österreich/in die Schweiz?	... para Alemania/Austria/ Suiza?
Eine Briefmarke, bitte.	Un sello, por favor.

ZAHLEN

0	cero	19	diecinueve
1	un, uno, una	20	veinte
2	dos	21	veintiuno, -a, veintiún
3	tres	22	veintidós
4	cuatro	30	treinta
5	cinco	40	cuarenta
6	seis	50	cincuenta
7	siete	60	sesenta
8	ocho	70	setenta
9	nueve	80	ochenta
10	diez	90	noventa
11	once	100	cien, ciento
12	doce	200	doscientos, -as
13	trece	1000	mil
14	catorce	2000	dos mil
15	quince	10000	diez mil
16	dieciséis		
17	diecisiete	1/2	medio
18	dieciocho	1/4	un cuarto

> Die Seiteneinteilung für den Reiseatlas finden Sie auf dem hinteren Umschlag dieses Reiseführers.

REISEATLAS FUERTEVENTURA

A
B
C
1
2
3
4
5
6
OCÉANO
ATLÁNTICO
Bajo
Punta Blanca
Caleta Salines
Punta del Rincón
Caleta de Beatriz
Punta Aguda
Punta de la Ballena o de Tostón
Faro de Tostón
Punta de la Enrocadiza
Punta La Barra
Urban. Los Lagos
El Cotillo
El Roque
Playa del Castillo
Castillo de Rico Roque
FV10
Casa de la Costilla
Mña La Costilla
Culata de Roque
Lajares
Playa del Algibe de la Cueva
Cerco Prieto
Playa del Águila
Punta Las Roquecillas
Casas de Taca
308
Blanca
Playa de Esquinzo
Punta de los Caletones
Barranco de Esquinzo
Las Gavias
Rosa de los Negrines
Punta de Paso Chico
Molino
Hoya Honda
Oliva
326
Museo del Grano
(219)
La Oliva
Casa de los Coroneles
Las Corihuelas
Playa de Tebeto
Aljibe y Molino
Los Pedregales
397
Montaña Tindaya
Playa de la Mujer
Tindaya
40
Morro
Playa de Jarugo
Vallebrón
FV 103
Barranco de Janubio
Montaña Quemada
294
689
Majada del Caballo
Monumento a Don Miguel de Unamuno
Muda
553
La Matilla
Barranco de los Molinos
Molino y Estanque
Horno
FV207
686
Vega Nueva
Aceitunal
Las Parcelas
FV221
Molinos
FV10
Temejereque
511
Tamariche
Rincon del Moral
Parque Natural de Betancuria
Ecomuseo de la Alcogida
Tefia
Ermita de San Augustin
Las Majadas
Embalse de los Molinos
Tetir
Los Estancos
625
Cuchillos
392
La Caldereta
Cortijo de la Sargenta
Laderas
355
Degolla de la Vista de Casillas
La Asomada
FV225
Llano Las Gabias
425
Angel
Montaña de Tesjuates
Llanos Concepción
Tao
Tesjuates
443

120

Punta de la Vera
Playa del Bajo de la Burra
Punta de la Tiñota
D
E
F
Oasis
Montaña la Mancha
151
Corralejo
Punta de Corralejo
Playa Blanca (Lanzarote)
Caleta de la Madera
Playa del Sobrado
Punta Martiño
Faro de Lobos
Parque
Roque del Este
Punta Salidero
127
Playa La Arena
Natural
1
El Río
Playa de Corralejo
ISLA DE LOS LOBOS
Punta El Marrajo
(12)
del Islote de Lobos
El Puertito
El Roque
Solyplayas
Punta de Tivas
FV101
269
Bayuyo
157
44
Colorada
103
Playa de Medano
Tres Islas Hotel
Oliva Beach Hotel
FV1
Playa Bajo Negro
2
Parque
Natural
de Corralejo
El Jable
FV109
Playa del Moro
Cueva del Llano
Peña Azul
Casilla de Costa
Museo
Playita del Porís
Coto de los Apartaderos
3
Barca Quebrada
FV101
Centro de Artesanía Local
328
Caletón de las Palomas
312
Roja
Montaña de Escanfraga
531
Rosa Erguida
33
El Sobaco
de Fimapaire
4
Parque Holandés
Playa de la Cazuela
Punta Uña de Gato
Bco del Cabadero
Rosa del Podenco
Playa del Chinchorro
Aljibe
Punta del Tarajalillo
Caldereta
FV102
Casas El Jablito
FV1
La Caleta
Bco de Tinojay
Las Llanadas
5
Casa del Tio Luis Machin
Punta del Bajo de Tío Viña
Guisguey
Casa del la Tia Cristina
Caleta de la Tabaiba
Punta la Tiñosa
FV214
Herradura
Punta de la Pared
Puerto de Lajas
Playa de Lajas
Bco de la Monja
Punta del Roque
6
Rosa de la Monja
2km
FV10
FV3
Rosa de Juana Sanchez
Rosa de las Arenas
121

A
B
C
1
2
3
4
5
6
2km
OCÉANO
ATLÁNTICO
Punta del Junqui
Punta Gorda
Ensenada de Agua Amarga
Los Pedragales
Punta del Tarajalillo
Caleta de la Peña Vieja
Punta de las Animas
Caleta Negra
Monumento Natural de Ajuy
Barranco
de
Punta del Cantil
Puerto de la Peña
Ajuy
Playa de los Muertos
Punta de la Nao
Morro del Moral
213
La A
Playa de la Solapa
FV621
Punta de la Canal
Punta de Don Blas
Playa de Garcey
414
Mezquez
Finca de la
Montaña Blanca
FV605
257
(196)
Pajara
Alto de Aguaje
Casas de Abaise
Casa de Machin
Punta del Peñón Blanco
Risco Blanco
Las Salinas
Las Salinas
337
Vigocho
382
Casa del Alto
Casas de la
Cueva de Lobos
Playa de Amanay
Punta Amanay
Bco Amanay
362
Cuchillo Negro
Fayagua
496
Montaña de la Fuente
La Tablada
619
123
118

D
E
F
116
Punta del Salvaje
El Puertito de los Molinos
Los Molinos
Barranco de los Molinos
Monument Don Migu de Unamu
Molino y Estanque
Horno
FV207
Las Parcelas
FV221
Molinos
Bahía de las Gaviotas
Caleta Grande
Salinas
332
Ecomuseo de la Alcogida
Tefia
Playa de los Mozos
Punta de los Herreños
339
Parque
Embalse de los Molinos
Playa de Valle
Cuchillo del Cabo
355
Bco. de los Mozos
351
Degolla de la Vista de Casillas
Aquas Verdes
Caleta del Pasco
Caletones
Llano Las Gabias
Llanos de la Concepción
FV207
425
Tao
Casilla
306
Morro de Fuente Laja
FV30
Morro Alto
417
282
Morro del Junquillo
Casas
El Almácigo
Los Pasitos
Valle de Santa Inés
Las Majadillas
San Augustin
El Tanquillo
San Pedro
La Ampuyenta
Natural
Los Cardores
Morro Negro
480
Morro de la Fuente Vieja
676
Los Regatones
Morro de la Cruz
La Rosa del To
Morro de Grantán
Cruz de las Canadas
Mirador Morro Velosa
FV416
Morrete El Campo
Tegú
645
FV20
Catedral Santa María
Betancuria
Pueblo Majorero
(369)
Betancuria
724
Museo Arqueológico
Castillo de Lava
660
(254)
Antigua
FV413
Triq
FV30
La Vega de Río de las Palmas
670
Morro Janana
El Fucarón
Las Pozetas
Finca d
392
Ermita de San Francisco
Peñitas
la Peña
Valles de Ortega
625
44
Gran Montaña
708
Ermita de San Roque
Aqua de Bueyes
FV415
FV50
Majada Blanca
Toto
Casillas de Morales
359
FV20
El Cortijo de Tetui
Aqua Bueyes
469
Centro de Integración de los Molinos
Tiscamanita
FV30
Carbón
606
Adeje
428
Morro Halcones
Tuineje
Caldera de la Laguna
Las Casitas
Malpaís Grande
42
La Florida
El Calvario
346
Montaña de Tamacite
Granja Experimentel
119
125
1
2
3
4
5
6

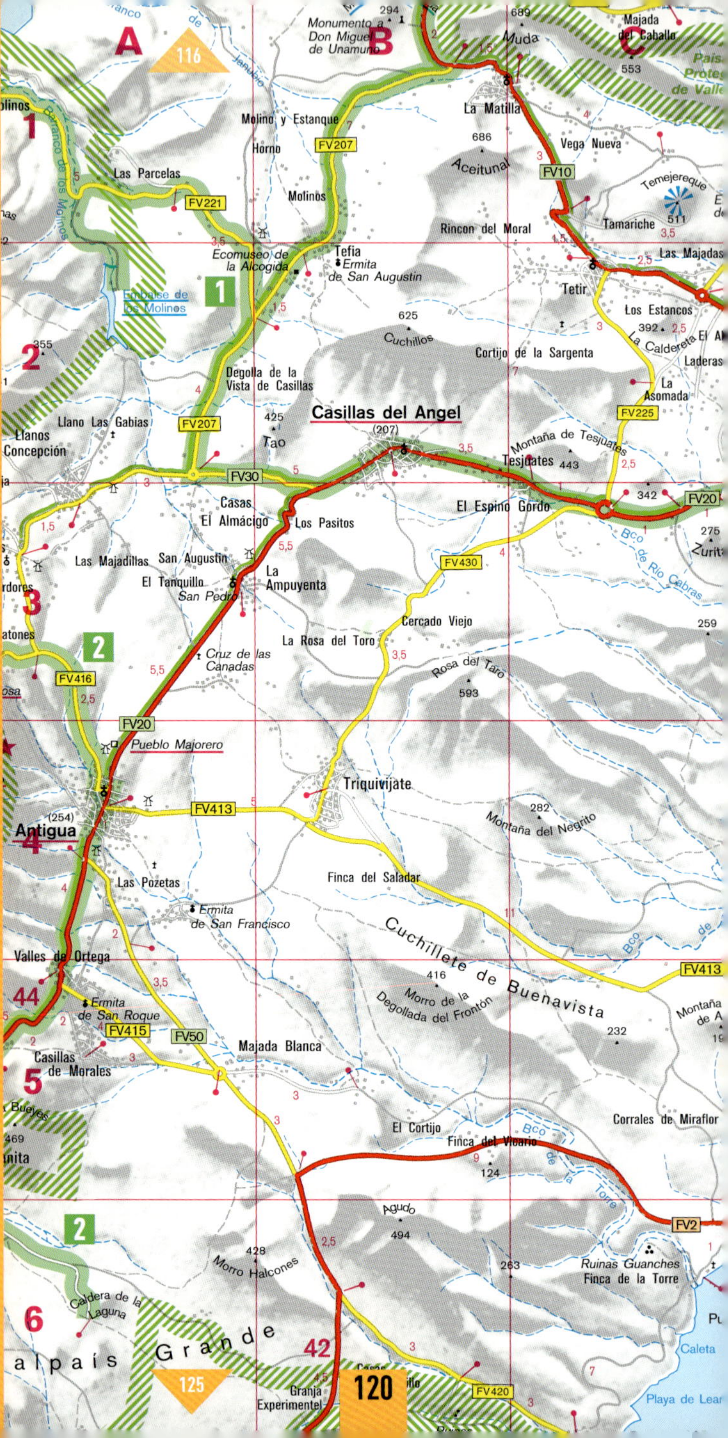
A
116
B
C
Monumento a Don Miguel de Unamuno
294
689
Majada del Caballo
553
Muda
La Matilla
Molino y Estanque
Horno
FV207
686
Aceitunal
Vega Nueva
FV10
Las Parcelas
FV221
Molinos
Temejereque
511
Tamariche
Rincon del Moral
Las Majadas
Ecomuseo de la Alcogida
Tefia
Ermita de San Augustin
Tetir
Embalse de los Molinos
1
Los Estancos
392
625
Cuchillos
La Caldereta
El Al
Laderas
355
Cortijo de la Sargenta
Degolla de la Vista de Casillas
La Asomada
FV225
Llano Las Gabias
Llanos Concepción
FV207
425
Tao
Casillas del Angel
(207)
Montaña de Tesjuates
Tesjuates
443
FV30
342
FV20
Casas
El Almácigo
Los Pasitos
El Espino Gordo
275
Las Majadillas
San Augustin
La Ampuyenta
El Tanquillo
San Pedro
FV430
Bco de Río Cabras
Cercado Viejo
259
La Rosa del Toro
2
Cruz de las Canadas
Rosa del Taro
593
FV416
FV20
Pueblo Majorero
Triquivijate
282
Montaña del Negrito
FV413
(254)
Antigua
Las Pozetas
Finca del Saladar
Ermita de San Francisco
Cuchillete de Buenavista
Valles de Ortega
416
Morro de la Degollada del Frontón
FV413
Montaña de A
44
Ermita de San Roque
FV415
FV50
Casillas de Morales
Majada Blanca
232
Bueyes
469
El Cortijo
Finca del Vicario
Corrales de Miraflor
Bco de la Torre
124
Agudo
494
FV2
2
428
Morro Halcones
263
Ruinas Guanches
Finca de la Torre
Caldera de la Laguna
6
Grande
42
Malpaís
125
Caleta
Granja Experimental
FV420
Playa de Lear

D
E
F
1
117
Aljibe
Caldereta
FV102
FV1
Bco. de Tinojay
Punta del Tarajalillo
Casas
El Jablito
La Caleta
Las Llanadas
Punta del Bajo
de Tío Viña
Casa del Tio Luis
Machin
Guisguey
Casa del la Tia Cristina
Caleta de la Tabaiba
Punta la Tiñosa
FV214
Arrecife (Lanzarote)
Herradura
Punta de la Pared
Puerto de Lajas
Playa de Lajas
Bco de la Monja
Punta del Roque
Rosa de la Monja
FV10
FV3
Rosa de
Juana Sanchez
Rosa de las Arenas
Punta de las Arenas
Punta del Gavioto
Puerto del Rosario
(23)
FV2
Playa Blanca
Parador
Blanca
Punta de Piedra Cal
Punta del Viento
Aeropuerto de
Fuerteventura
Punta Gonzalo
Playa del Matorral
Punta Negra
Playa de las Caletitas
Sarabia
Punta del Cangrejito
Dinero
Nuevo Horizonte
Caleta de la Camella
Costa de Antiqua
Caleta Corcha
Castillo de Fustes
Punta del Bajo
Playa del Castillo
Guirra
Las Palmas de Gran Canaria
2km
1
2
3
4
5
6

A
B
C
1
2
3
4
5
6
Punta Pesebre
Punta Cotillo o de Cachorros
Caleta de la Madera
Punta de Mal Rayo
Punta de Barlovento
Roque del Moro
189
Las Talahijas
Playa de Ojos
Punta del Tigre
Puerto de la Cruz
Punta de Jandía
Punta Salinas
Cueva de la Negra
La Rajila
Las Pilas
424
Casa y Manantial del Mosquito
Cuchillo del Palo
441
Playa de las Pilas
Playa de Juán Gómez
Punta del Viento
Casas de Jorós
Macizo
Agua Tres
Punta Paloma
Punta de Playa Larga
Playa de Barlovento de Jandía
EL ISLOTE
Casa Agüa Melianes
Parque N
515
Morro de la Burra
Barranco
Casas de Pecenescal
Playa de Cofete
Morro del Joaro
643
621
Bco
Casas de los Canarios de Arriba
394
Montaña Blanca
Pico de la Mantanza
Jandía
807
Cofete
Casa y Manantial del Mosquito
Fraile
683
485
Casas de los Canarios de Abajo
Casas de Mal Nombre
de Jandía
Cuchillo del Palo
Casas de Gran Valle
390
Morro Mungla
441
Casas de Esquinzo
Macizo de Jandía
Casas de Jorós
Corral Bermejo
335
Esquinzo
Tierra
Boca
255
Agudo
FV2
Santa Cruz de Tenerife
Las Palmas de Gran Canaria
Puerto de la Cebaba
Cantil
Morro Jable
(27)
Robinson Club
Matorral
Aldiana Club
Playa de Butihondo
Jandía Playa
Punta del Matorral o del Morro Jable

D
E
F
118
Las Salinas
382
Cueva de Lobos
Playa de Amanay
Punta Amanay
Bco Amanay
362
Cuchillo Negro
1
2
306
Morro Colorado
447
2,5
Punta de las Goteras
Playa de Terife
FV605
Cortijo de Chilegua
Playas Negras
2
691
Cardón
Playa de Ugán
5
Corrales de las Hermosas
593
Puerto Nuevo
Bco de las Hermosas
7,5
FV617
2,5
1,5
402
Punta de Guadalupe
Playa La Pared
Playa del Viejo Rey
95
5
La Pared
Tarajal
Rediles
3
323
FV56
123
Granillo
Morro del Majano
5,5
5
2
Barranco de Tarajal
Istmo de la Pared
FV605
2
Zoo Parque los Camellos
Matas Blancas
6,5
1,5
Jardín Botánico
La Lajita
Playa de Matas Blancas
Playa la Lajita
Club Soliventura
Playa de la Jaqueta
Punta Paloma
Punta de los Molinillos
Cula
4
53
Costa Calma
Playa Barca
2
2,5
158
Playa Esmeralda
FV2
1,5
2,5
Los Gorriones
El Paso
253
2,5
Risco Paso
Playa de Sotavento de Jandía
OCÉANO
5
ATLÁNTICO
6
2km

A
B
C
118
Carbón
606
Casa del Alto
Cortijo de Adeje
Casas de la Fuente
Fayagua
496
Montaña de la Fuente
Tuine
Las Casitas
La Florida
El Calvario
346
Montaña de Tamacite
La Tablada
619
Tesejerague
Casilla Blanca
Rosa de Catalina Garci
Montaña Hendida
Casas de la Vegueta
Cortijo de Diego Alonso
Cardón
Montaña Chica
FV511
Montaña Tirba
FV512
339
Rosa de los James
FV618
Tamaretilla
FV617
Cuisa
Casas de Violante
FV2
Morrete de Marcos Sanchez
Carga del Camello
FV520
Rediles
FV56
464
Caracol
La Solana
Fuentita
FV525
362
313
Marisma
168
El Apartadero
Lapa
292
FV4
Gran
Zoo Parque los Camellos
Giniginámar
Agando
Tarajalejo
La Lajita
Playa de Tarajalejo
Punta del Colorado
Punta del Caracol
Playa de Giniginamar
Punta del Puerto
Playa de las Palomas
Playa del Aceituno
Punta del Aceituno
Punta Cula de la Botija
Río de Giniginamar
Río Gran Tarajal
1
2
3
4
5
6
O C É A N O

D
E
F
120
FV2
Agudo
494
428
Morro Halcones
263
Ruinas Guanches
Finca de la Torre
2
Caldera de la Laguna
1
Caleta
Malpaís Grande
42
3
7
Casas del Saladillo
Paisaje Protegido de Malpaís Grande
Granja Experimental
FV420
Playa de Le
Punta del Viento
Ruinas Guanches
Pozo Negro
Ensenada de Pozo Negro
Tenicosquey
436
201
Casas de Ezquén
Monumento Natural de los Cuchillos de Vigan
Punta Medina
Caldera Los Arrabales
Parque Natural de Pozo Negro
Playa de los Vallichuelos
2
Cañada de la Mata
Playa de la Cueva
Ensenada de Toneles
FV2
Caldera de Jacomar
436
Punta Camino del Medio
Teguital
Morro del Peñón
398
Casas de la Cañada de Teguital
Casas de Jacomar
Ensenada de Puerto Rico
Punta Las Borriquillas
Bco. de Gran Valle
Ensenada de Jacomar
Vigán
468
Ensenada de Valle Corto
3
Punta del Cháfiro
FV512
340
La Entallada
El Poris
Las Playitas
Playa de los James
185
Cala de las Playas
Peñón del Roque
Costa de la Entallada
Punta de la Entallada
Playa de los Pobres
4
5
ATLÁNTICO
6
2km

KARTENLEGENDE

Autobahn · Gebührenpflichtige Anschlussstelle · Gebührenstelle · Anschlussstelle mit Nummer · Rasthaus mit Übernachtung · Raststätte · Kleinraststätte · Tankstelle · Parkplatz mit und ohne WC	Trento 11 P P	Motorway · Toll junction · Toll station · Junction with number · Motel · Restaurant · Snackbar · Filling-station · Parking place with and without WC
Autobahn in Bau und geplant mit Datum der Verkehrsübergabe	Datum Date	Motorway under construction and projected with completion date
Zweibahnige Straße (4-spurig)		Dual carriageway (4 lanes)
Fernverkehrsstraße · Straßennummern	14 E45	Trunk road · Road numbers
Wichtige Hauptstraße		Important main road
Hauptstraße · Tunnel · Brücke		Main road · Tunnel · Bridge
Nebenstraßen		Minor roads
Fahrweg · Fußweg		Track · Footpath
Wanderweg (Auswahl)		Tourist footpath (selection)
Eisenbahn mit Fernverkehr		Main line railway
Zahnradbahn, Standseilbahn		Rack-railway, funicular
Kabinenschwebebahn · Sessellift		Aerial cableway · Chair-lift
Autofähre		Car ferry
Personenfähre		Passenger ferry
Schifffahrtslinie		Shipping route
Naturschutzgebiet · Sperrgebiet		Nature reserve · Prohibited area
Nationalpark, Naturpark · Wald		National park, natural park · Forest
Straße für Kfz. gesperrt		Road closed to motor vehicles
Straße mit Gebühr		Toll road
Straße mit Wintersperre	XII-II	Road closed in winter
Straße für Wohnanhänger gesperrt bzw. nicht empfehlenswert		Road closed or not recommended for caravans
Touristenstraße · Pass	Weinstraße 1510	Tourist route · Pass
Schöner Ausblick · Rundblick · Landschaftlich bes. schöne Strecke		Scenic view · Panoramic view · Route with beautiful scenery
Heilbad · Schwimmbad		Spa · Swimming pool
Jugendherberge · Campingplatz		Youth hostel · Camping site
Golfplatz · Sprungschanze		Golf-course · Ski jump
Kirche im Ort, freistehend · Kapelle		Church · Chapel
Kloster · Klosterruine		Monastery · Monastery ruin
Schloss, Burg · Schloss-, Burgruine		Palace, castle · Ruin
Turm · Funk-, Fernsehturm		Tower · Radio-, TV-tower
Leuchtturm · Kraftwerk		Lighthouse · Power station
Wasserfall · Schleuse		Waterfall · Lock
Bauwerk · Marktplatz, Areal		Important building · Market place, area
Ausgrabungs- u. Ruinenstätte · Bergwerk		Arch. excavation, ruins · Mine
Dolmen · Menhir · Nuraghen		Dolmen · Menhir · Nuraghe
Hünen-, Hügelgrab · Soldatenfriedhof		Cairn · Military cemetery
Hotel, Gasthaus, Berghütte · Höhle		Hotel, inn, refuge · Cave
Kultur		**Culture**
Malerisches Ortsbild · Ortshöhe	WIEN (171)	Picturesque town · Elevation
Eine Reise wert	★★ MILANO	Worth a journey
Lohnt einen Umweg	★ TEMPLIN	Worth a detour
Sehenswert	Andermatt	Worth seeing
Landschaft		**Landscape**
Eine Reise wert	★★ Las Cañadas	Worth a journey
Lohnt einen Umweg	★ Texel	Worth a detour
Sehenswert	Dikti	Worth seeing
Ausflüge & Touren		**Excursions & tours**

REGISTER

Hier finden Sie alle erwähnten Orte, Ausflugsziele und Sehenswürdigkeiten sowie Namen und Stichworte. Halbfette Seitenzahlen verweisen auf den Haupteintrag, kursive auf ein Foto.

> SCHREIBEN SIE UNS!

Liebe Leserin, lieber Leser,

wir setzen alles daran, Ihnen möglichst aktuelle Informationen mit auf die Reise zu geben. Dennoch schleichen sich manchmal Fehler ein – trotz gründlicher Recherche unserer Autoren/innen. Sie haben sicherlich Verständnis, dass der Verlag dafür keine Haftung übernehmen kann.

Wir freuen uns aber, wenn Sie uns schreiben.

Senden Sie Ihre Post an die MARCO POLO Redaktion, MAIRDUMONT, Postfach 31 51, 73751 Ostfildern, info@marcopolo.de

IMPRESSUM

Titelbild: Surfer (Getty Images: Purestock)
Fotos: O. Baumli (26); bilderberg: Alstills 53N (73, 99, 100/101); Andreas Caliman (95 M.l.); fan: Rufenach (41); Fotolia: Jérôme Cools (15. o.), Vladislav Gajic (14. o.), Ben Heys (95 M.r.), Steve Lovegrove (94 M.r.), Vladislav Mitic (13 o.), Phil Morley (14 u.), Dmitriy Norov (15. u.), sunfleps (94 M.l.), TAOLMOR (95 u.r.); Getty Images: Purestock (1); Gran Azul Fuerteventura, S.L. (95 o.l.); HB Verlag: Widmann (Klappe M., 3 l., 4 l., 4 r., 8, 22/23, 38, 63, 107), Zaglitsch (16/17, 27, 46); Huber: Ripani (57), Schmid (24/25, 37, 54); Ifa: Aigner (62), Gottschalk (83), Kohlhas (81), NICOS (70); C. Lachenmaier (6/7, 11, 28/29, 30/31, 32, 44, 52/53, 66, 68/69, 87, 92, 96/97); La Lajita Oasis Park, S.L. (94 u.r.); Look: Frei (58), Richter (21, 23, 45, 61, 65, 90/91); Mauritius: Altmann (Klappe r.), imagebroker.net (29, 34, 77), Word Pictures (78/79); Northshore Shop & Factory: Sonni Hönscheid (12 o., 12 u., 13. u.); D. Renckhoff (Klappe l., 2. l., 3 M., 3 r., 22, 28, 43, 84/85, 89, 102, 103); Rootstyle Camp: Stefan Gautschi (94 o.l.); Schapowalow (48, 51); H.-W. Schütte (131); D. Simon (88, 114/115); Transglobe: Werner (5); E. Wrba (2 r., 19, 75)

14, aktualisierte Auflage 2008

Verlegerin: Stephanie Mair-Huydts; Chefredaktion: Michaela Lienemann, Marion Zorn
Autor: Hans-Wilm Schuette; Redaktion: Jochen Schürmann
Programmbetreuung: Leonie Dlugosch, Nadia Al Kureischi; Bildredaktion: Gabriele Forst, Barbara Schmid
Szene/24h: wunder media, München; Kartografie Reiseatlas: © MAIRDUMONT, Ostfildern
Innengestaltung: Zum goldenen Hirschen, Hamburg; Titel/S. 1–3: Factor Product, München
Sprachführer: in Zusammenarbeit mit Ernst Klett Sprachen GmbH, Stuttgart, Redaktion PONS Wörterbücher

Printed in Germany. Gedruckt auf 100% chlorfrei gebleichtem Papier

FÜR IHRE NÄCHSTE REISE

gibt es folgende MARCO POLO Titel:

DEUTSCHLAND
Allgäu
Amrum/Föhr
Bayerischer Wald
Berlin
Bodensee
Chiemgau/Berchtesgadener Land
Dresden/Sächsische Schweiz
Düsseldorf
Eifel
Erzgebirge/Vogtland
Franken
Frankfurt
Hamburg
Harz
Heidelberg
Köln
Lausitz/Spreewald/Zittauer Gebirge
Leipzig
Lüneburger Heide/Wendland
Mark Brandenburg
Mecklenburgische Seenplatte
Mosel
München
Nordseeküste Schleswig-Holstein
Oberbayern
Ostfriesische Inseln
Ostfriesland/Nordseeküste/Niedersachsen/Helgoland
Ostseeküste Mecklenburg-Vorpommern
Ostseeküste Schleswig-Holstein
Pfalz
Potsdam
Rheingau/Wiesbaden
Rügen/Hiddensee/Stralsund
Ruhrgebiet
Schwäbische Alb
Schwarzwald
Stuttgart
Sylt
Thüringen
Usedom
Weimar

ÖSTERREICH | SCHWEIZ
Berner Oberland/Bern
Kärnten
Österreich
Salzburger Land
Schweiz
Tessin
Tirol
Wien
Zürich

FRANKREICH
Bretagne
Burgund
Côte d'Azur/Monaco
Elsass
Frankreich
Französische Atlantikküste
Korsika
Languedoc Roussillon
Loire-Tal
Normandie
Paris
Provence

ITALIEN | MALTA
Apulien
Capri
Dolomiten
Elba/Toskanischer Archipel
Emilia-Romagna
Florenz
Gardasee
Golf von Neapel
Ischia
Italien
Italienische Adria
Italien Nord
Italien Süd
Kalabrien
Ligurien/Cinque Terre
Mailand/Lombardei
Malta/Gozo
Oberital. Seen
Piemont/Turin
Rom
Sardinien
Sizilien/Liparische Inseln
Südtirol
Toskana
Umbrien
Venedig
Venetien/Friaul

SPANIEN | PORTUGAL
Algarve
Andalusien
Barcelona
Baskenland/Bilbao
Costa Blanca
Costa Brava
Costa del Sol/Granada
Fuerteventura
Gran Canaria
Ibiza/Formentera
Jakobsweg/Spanien
La Gomera/El Hierro
Lanzarote
La Palma
Lissabon
Madeira
Madrid
Mallorca
Menorca
Portugal
Spanien
Teneriffa

NORDEUROPA
Bornholm
Dänemark
Finnland
Island
Kopenhagen
Norwegen
Schweden
Südschweden/Stockholm

WESTEUROPA | BENELUX
Amsterdam
Brüssel
Dublin
England
Flandern
Irland
Kanalinseln
London
Luxemburg
Niederlande
Niederländische Küste
Schottland
Südengland

OSTEUROPA
Baltikum
Budapest
Estland
Kaliningrader Gebiet
Lettland
Litauen/Kurische Nehrung
Masurische Seen
Moskau
Plattensee
Polen
Polnische Ostseeküste/Danzig
Prag
Riesengebirge
Rumänien
Russland
Slowakei
St. Petersburg
Tschechien
Ungarn
Warschau

SÜDOSTEUROPA
Bulgarien
Bulgarische Schwarzmeerküste
Kroatische Küste/Dalmatien
Kroatische Küste/Istrien/Kvarner
Montenegro
Slowenien

GRIECHENLAND | TÜRKEI
Athen
Chalkidiki
Griechenland Festland
Griechische Inseln/Ägäis
Istanbul
Korfu
Kos
Kreta
Peloponnes
Rhodos
Samos
Santorin
Türkei
Türkische Südküste
Türkische Westküste
Zakinthos
Zypern

NORDAMERIKA
Alaska
Chicago und die Großen Seen
Florida
Hawaii
Kalifornien
Kanada
Kanada Ost
Kanada West
Las Vegas
Los Angeles
New York
San Francisco
USA
USA Neuengland/Long Island
USA Ost
USA Südstaaten/New Orleans
USA Südwest
USA West
Washington D.C.

MITTEL- UND SÜDAMERIKA
Argentinien
Brasilien
Chile
Costa Rica
Dominikanische Republik
Jamaika
Karibik/Große Antillen
Karibik/Kleine Antillen
Kuba
Mexiko
Peru/Bolivien
Venezuela
Yucatán

AFRIKA | VORDERER ORIENT
Ägypten
Djerba/Südtunesien
Dubai/Vereinigte Arabische Emirate
Israel
Jerusalem
Jordanien
Kapstadt/Wine Lands/Garden Route
Kenia
Marokko
Namibia
Qatar/Bahrain/Kuwait
Rotes Meer/Sinai
Südafrika
Tunesien

ASIEN
Bali/Lombok
Bangkok
China
Hongkong/Macau
Indien
Japan
Ko Samui/Ko Phangan
Malaysia
Nepal
Peking
Philippinen
Phuket
Rajasthan
Shanghai
Singapur
Sri Lanka
Thailand
Tokio
Vietnam

INDISCHER OZEAN | PAZIFIK
Australien
Malediven
Mauritius
Neuseeland
Seychellen
Südsee

UNSER INSIDER

MARCO POLO Autor Hans-Wilm Schütte im Interview

Hans-Wilm Schütte bereist Fuerteventura seit 1990. Den bekannten Zielen widmet er sich ebenso gern, wie er Untouristisches aufspürt.

Wie war Ihre erste Begegnung mit Fuerteventura?

Meine erste Reise war im Sommer 1990 und dauerte nur eine Woche. Damals war die Insel noch urtümlicher als heute. Vom Flughafen in den Süden kam man nur auf einem Umweg über die Hauptstadt und durch die Inselmitte. Schon beim ersten Strandspaziergang habe ich mir einen Sonnenbrand geholt.

Was hat Ihnen an der Insel gefallen?

Sicher das Gleiche, was allen gefällt: die endlosen Strände im Süden, die milde Luft und besonders die Dünenlandschaft im Norden. Mich faszinieren aber auch die Vulkane und das wüstenhafte Bergland. Solch eine „nackte" Erdoberfläche kennen wir aus Deutschland ja gar nicht.

Und was gefällt Ihnen weniger?

Leider hat die Korruption unschöne Spuren hinterlassen. Bedauerlich ist vielerorts auch eine achtlose Zersiedelung. Aber wer in dieser Ödnis aufgewachsen ist, dem fällt es sicher schwer, sie als bewahrenswerten Schatz zu wahrzunehmen.

Hatten Sie nie Lust, sich auf der Insel niederzulassen?

Ehrlich gesagt: nein. Ich bin wohl zu sehr Großstadtmensch. Aber gerade aus dieser Perspektive entfaltet Fuerteventura ja den größten Reiz. Außerdem bin ich am Meer aufgewachsen, an der Nordsee, und auch auf Fuerteventura bin ich dem Meer nah, nur dass es einen ganz anderen Charakter hat. Würde ich dort wohnen, müsste ich dort auch arbeiten und könnte die Insel nicht mehr mit Urlauberaugen sehen.

Was machen Sie beruflich?

Ich bin freier Publizist, und da ich Chinesisch studiert habe, schreibe ich vor allem über China. Fuerteventura bietet auch vor diesem Hintergrund eine willkommene Abwechslung.

Sprechen Sie Spanisch?

Ich habe eigens wegen Fuerteventura Spanisch gelernt, und zum Glück ist die Sprache ja nicht schwer. Im übrigen versorgen mich die vielen Freunde, die ich auf Fuerteventura habe, auch auf Deutsch oder Englisch mit aktuellen Informationen.

Mögen Sie die kanarische Küche?

Die echte Majorero-Küche bekommt man ja kaum noch. Aber ein Teller mit frischem Fisch, Papas arrugadas und Salat mit Fuerteventura-Tomaten mundet bestens, wenn man, wie ich, Knoblauch mag.

> BLOSS NICHT!

Wie man sich leicht Ärger ersparen kann

An der Westküste baden

Außer in einigen durch Riffe geschützten Buchten wird es an der Westküste wegen starker Strömungen lebensgefährlich, sobald Sie den Boden unter den Füßen verlieren. Kaum ein Jahr vergeht, ohne dass es mal wieder einen Leichtsinnigen erwischt.

Einen Sonnenbrand riskieren

Oder gar einen Hitzschlag! Dies ist die ernsteste Warnung von allen. Schon ein längerer Spaziergang am ersten Urlaubstag kann selbst bei bedecktem Himmel trotz T-Shirt oder Bluse im Sommer zu einem üblen Sonnenbrand führen. Auch zu anderen Jahreszeiten lässt der tückisch kühle Wind die Stärke der Sonne vergessen. Tragen Sie stets Sonnenschutzcremes mit hohem Schutzfaktor auf – auch bei Wolken –, und gehen Sie um die Mittagszeit in den Schatten. Besonders gefährdet sind Kleinkinder und sonnenempfindliche Hauttypen.

Leichtsinnig Rad fahren

Problematisch sind nicht die Pisten, wo es über Stock und Stein geht, sondern die Landstraßen. Es gibt keine Radwege, und häufig sind die Straßen ziemlich eng. Einheimische nehmen auf Radler wenig Rücksicht. Fuerteventura hat die höchsten Unfallziffern aller Kanarischen Inseln.

Querfeldein fahren

Es ist natürlich verlockend, den Jeep mal so richtig über Stock und Stein zu prügeln. Tun Sie es aber bloß nicht in den Naturparks, z.B. auf der Halbinsel Jandía oder in den Dünen von Corralejo. Auf diesen Frevel stehen mittlerweile empfindliche Geldstrafen.

Strandburgen reservieren

Andere Feriengäste von Strandburgen per Schild („bis ... reserviert für ...") auszusperren ist eine deutsche Unsitte – ein steter Quell von Streitereien und eine Unhöflichkeit gegenüber dem Gastland. Verständigen Sie sich lieber auf das Prinzip „Wer zuerst kommt, mahlt zuerst".

Windigen Autovermietern auf den Leim gehen

Wenn Sie sich einen Mietwagen gönnen, gilt: Vorsicht beim Kleingedruckten! Bestehen Sie auf einer deutschen oder englischen Übersetzung Ihres Mietvertrags. Und fahren Sie auf keinen Fall los, ohne im Beisein des Vermieters die wichtigsten Funktionen und den Gesamtzustand des Wagens überprüft zu haben. Windige Vermieter können Sie sonst für Reparaturen zur Kasse bitten, die Sie nicht verschuldet haben. Überhaupt sollte der Wagen, den man Ihnen anbietet, nicht zu alt und damit pannenanfällig sein.